白鹭在秦山核电厂区觅食

田湾核电花丛肆意绽放

AP1000 三代核电技术首堆——浙江三门核电基地

我国自主三代核电"华龙一号"全球首堆——福清核电基地

中国最南端核电站——海南昌江核电基地俯瞰

中核汇能沧州南大港渔光互补项目

中国核电：公众沟通驱动型社会责任管理

《中国核电：公众沟通驱动型社会责任管理》编写组　编著

图书在版编目（CIP）数据

中国核电：公众沟通驱动型社会责任管理／《中国核电：公众沟通驱动型社会责任管理》编写组编著. -- 北京：企业管理出版社，2021.6

ISBN 978－7－5164－2415－5

Ⅰ.①中… Ⅱ.①中… Ⅲ.①核电工业－工业企业－企业责任－社会责任－研究－中国 Ⅳ.①F426.23

中国版本图书馆 CIP 数据核字（2021）第 115014 号

书　　名	中国核电：公众沟通驱动型社会责任管理
作　　者	《中国核电：公众沟通驱动型社会责任管理》编写组
责任编辑	郑　亮　宋可力
书　　号	ISBN 978－7－5164－2415－5
出版发行	企业管理出版社
地　　址	北京市海淀区紫竹院南路 17 号　　邮编：100048
网　　址	http：//www.emph.cn
电　　话	编辑部（010）68701638　　发行部（010）68701816
电子信箱	emph001@163.com
印　　刷	河北宝昌佳彩印刷有限公司
经　　销	新华书店
规　　格	710 毫米×1000 毫米　　16 开本　　8.5 印张　　108 千字
版　　次	2021 年 6 月第 1 版　　2021 年 6 月第 1 次印刷
定　　价	58.00 元

版权所有　翻印必究·印装有误　负责调换

总　序（一）

感谢读者朋友们对中央企业社会责任管理工作，对中央企业社会责任管理之道丛书的关注与支持！

企业在自身发展的同时，应该当好"企业公民"，饮水思源，回报社会，这是企业不可推卸的社会责任，也是构建和谐社会的重要内容。大量事实证明，只有富有爱心的财富才是真正有意义的财富，只有积极承担社会责任的企业才是最有竞争力和生命力的企业。重经济效益、轻社会效益的企业，只顾赚取利润、不顾安全生产的企业，终究难以持续。这一重要论述充分阐明了履行社会责任对企业可持续发展的重要意义。

国有企业是中国特色社会主义的重要物质基础，是党执政兴国的重要支柱和依靠力量。中央企业大多处在关系国家安全和国民经济命脉的重要行业和关键领域，在我国经济社会发展中发挥着不可替代的重要作用，履行社会责任可谓中央企业的"天职"。经过多年改革发展，中央企业的规模不断扩大、活力不断增强、创造力不断提升，在履行社会责任方面更应走在前列、作出表率。

多年来，一大批中央企业大力开展社会责任工作，不仅做到了实践上有亮点、理论上有创新，同时，还实现了形象上有升级、管理上有提升，形成了丰富多彩、成效显著的企业社会责任管理推进路径和做法，具备总结形成管理模式的条件。中央企业通过践行社会责任，走上与社会共同可持续发展之路，为我国全面建成小康社会和联合国2030可持续发展目标做出积极贡献，并也通过对企业社会责任管理的不断探索，在丰富全球企业管理理论方面做出了自己的独特贡献。

我们出版这套中央企业社会责任管理之道丛书，希望通过适时总结、分享中央企业的社会责任管理推进模式，起到以下几个方面的作用：一是通过系统总结分析，进一步推动中央企业提升社会责任管理工作；二是支持中央企业成为全球履行社会责任的典范，服务于建设"具有全球竞争力的世界一流企业"；三是为中央企业参与全球市场竞争奠定基础，成为高质量共建"一带一路"的表率；四是为其他企业开展社会责任管理工作提供有益借鉴，为全球可持续发展贡献来自中国企业的最佳实践经验。

2020年，丛书选取国家电网、中国建筑、华润集团等中央企业为代表，总结了这些企业各具特色的社会责任推进模式，包括《国家电网：双向驱动、示范引领型社会责任管理》《中国建筑：品牌引领型社会责任管理》《华润集团：使命驱动型社会责任管理》等。

2021年，丛书选取中国核电、国家能源集团、中国三峡集团为代表，出版了《中国核电：公众沟通驱动型社会责任管理》《国家能源集团：可持续驱动型社会责任管理》《中国三峡集团：初心引领型社会责任管理》。

未来，我们将持续总结中央企业的社会责任管理之道，与社会各界进行分享交流。希望大家一如既往地支持中央企业，共同推动中央企业社会责任管理迈上新台阶！

中央企业社会责任管理之道丛书编委会
2021年6月

总　序（二）

企业社会责任已成为新一轮经济全球化的重要特征。自20世纪初以来，全球企业社会责任的发展经历了20世纪70年代之前企业社会责任概念产生阶段，20世纪70年代后至20世纪末的企业社会责任欧美共识阶段，自2000年以来，企业社会责任进入全球共识阶段。

自2000年以来，企业社会责任在中国发展迅速。中国企业社会责任的发展由概念辩论走向基本共识，进而发展到企业社会责任管理阶段，与全球企业社会责任管理实现了快速同步。

2000—2005年是现代企业社会责任概念的辩论阶段，社会各界对企业履行社会责任问题还处在争议的时期。2006—2011年是中国企业社会责任基本共识阶段。在这个阶段，中国全过程参与社会责任国际标准ISO 26000的制定，并最终对ISO 26000投了赞成票。这个赞成票是在参与制定ISO 26000的六个利益相关方群体意见基础上最终决定的，也是中国企业社会责任发展的利益相关方第一次全面达成共识。2012年以来，中国企业社会责任管理实践蓬勃发展。

2006年和2012年是中国企业社会责任发展的两个重要里程碑。2006年可称为中国企业社会责任元年，其重要标志是新修订的《公司法》明确

中国核电：公众沟通驱动型社会责任管理

提出公司要承担社会责任。国家电网公司率先发布了中央企业首份社会责任报告，得到了中央领导和社会各界的积极肯定。2012年可称为中国企业社会责任管理元年，其重要标志是国务院国有资产监督管理委员会（以下简称国务院国资委）将社会责任管理列为中央企业管理水平提升的13项重点措施之一，企业社会责任管理成为提升央企管理水平的重要内容。自此，中国企业社会责任进入社会责任管理发展的新阶段，众多中央企业开始了丰富多彩的企业社会责任管理探索和实践，打开了各类企业从履行社会责任到系统开展社会责任管理的新篇章。

企业社会责任管理

一般来说，企业社会责任管理是指企业有目标、有计划、有执行、有评估、有改进地系统性开展社会责任实践的活动。具体地说，是企业有效管理其决策和活动所带来的经济、环境和社会影响，提升责任竞争力，最大化地为利益相关方创造经济、环境和社会综合价值作贡献，推动社会可持续发展的过程。企业社会责任管理包括社会责任理念管理、生产运营过程的社会责任管理及职能部门的社会责任管理。企业社会责任作为一种发展中的新型管理思想和方法，正在重塑未来的企业管理，具体体现在企业管理理念、管理目标、管理对象和管理方法等方面。

重塑企业管理理念。企业将由原来的股东（投资人）所有的公司转向由股东和其他企业利益相关方共同所有的公司；企业将由原来的追求盈利最大化或者股东利益/企业价值最大化转向追求兼顾包括利益相关方在内的利益和诉求的平衡，追求经济、环境和社会综合价值的最大化和最优化，实现企业可持续经营与社会可持续发展的共赢。

重塑企业管理目标。企业责任竞争力将会成为企业未来的核心竞争力。企业责任竞争力就是企业在运用自身专业优势解决社会和环境可持续发展所面临的挑战和问题的同时，还能取得良好的经济效益，其根本目标是服务企业、社会和环境的共同可持续发展，其本质是企业的决策和活动做到公平与效率的有机统一。

重塑企业管理对象。企业的管理对象由原来的集中于企业价值链对象的管理扩展到更广泛的利益相关方关系管理。特别重要的是将企业社会责任理念融入其中，从而形成企业各利益相关方的和谐发展关系，取得各利益相关方更大范围的认知、更深程度的认同和更有力度的支持。

重塑企业管理方法。在企业治理理念上，要创造更多的形式，让更多的利益相关方参与公司的重大决策，包括企业管理目标的制订。在生产运营各环节上，更加重视发挥更多利益相关方的作用，使他们能以各种方式参与到企业生产运营的各个环节中来，包括企业的研发、供应、生产、销售及售后服务等，使每个环节都最大限度地减少对社会、经济和环境的负面影响，最大限度地发挥正面效应。特别是通过不断加强与利益相关方的沟通及对其关系的管理，企业能够更加敏锐地发现市场需求，能够更加有效地开拓全新的市场空间。

中央企业社会责任管理推进成就

中央企业是我国国民经济的重要支柱，是国有经济发挥主导作用的骨干力量，履行社会责任是中央企业与生俱来的使命，全社会对中央企业履行社会责任有着更高的要求与期待。

国务院国资委高度重视中央企业社会责任工作，从政策指导、管理

中国核电：公众沟通驱动型社会责任管理

提升、加强沟通等方面全面推动中央企业履行社会责任。在国务院国资委的指导下，一批率先开展企业社会责任管理的中央企业不仅做到了在理论上有创新，在实践上有亮点，同时还实现了管理上有升级、竞争力上有提升，推动企业社会责任管理发展进入新的境界。观察和研究发现，一批中国的一流企业通过探索社会责任管理推进企业可持续发展的新路径，形成了丰富多彩、成效显著的企业社会责任管理推进模式。

位列《财富》世界500强第三位的国家电网公司，经过十余年的持续探索，走出了一条上下驱动、示范引领的全面社会责任管理推进之道，全面社会责任管理的综合价值创造效应正在公司各个层面逐步显现。全球最大的投资建设企业——中国建筑走出了一条品牌文化驱动型的社会责任管理推进之道，从开展社会责任品牌及理念管理出发，以社会责任理念重新定义企业使命，细化社会责任管理指标，通过将职能部门管理落实到企业生产运营过程中，形成了社会责任管理的完整循环。作为与大众生活息息相关的多元化企业，华润集团走出了一条以使命为引领的履责之路，将使命作为社会责任工作的试金石，塑造责任文化，开展责任管理，推动责任践行，实现承担历史使命、履行社会责任和推动企业可持续发展的有机统一。中国核电以响应时代变革与利益相关方多元化诉求为驱动，形成了公众沟通驱动型社会责任管理。通过公众沟通找准公司社会责任管理的出发点和着力点，在推进社会责任管理提升的同时，对内培育富有激励、富有特色、积极向上的企业文化，对外提升中国核电的品牌影响力、感召力和美誉度，形成了"责任、品牌、文化"三位一体推进社会责任管理之道。国家能源集团在原国电集团以"责任文化推动"、大规模发展新能源为主题和原神华集团"战略化组织化推动"、以化石能源清洁化和规模化发展为主题的履责特征的基础上，探索形成了可持续的社会责任管理推进模式。其具体方式是以可持续方式保障可持续能源供应为目标，以"高层表率、再组织化、责任文化"推动为特征，以"化石能源清洁化，清洁能源规模化"为核心履责主题。中国三峡集团秉承建设三峡工程，护佑长江安澜的初衷，在实践发展中凝聚成"为国担当、为民造福"的责任初心，并以此为引领形成了初心引领型社会责任管理推进模式。其具体内涵是以责任初心为根本遵循，形成了由"战略定力""多方参与""机制保障""透明沟通"构建的四位一体推进路径，致力于创造利益相关方综合价值最大化。此外，还有中国移动社会责任主题驱动型社会责任管理推进之道，中国南方电网公司的战略驱动型社会责任管理推进之道，中国五矿集团最大化有利影响、最小化不利影响综合价值创造驱动型社会责任管理推进之道，中国广核集团透明运营驱动型的社会责任管理推进之道，中国铝业公司全面应用社会责任国际标准 ISO 26000 的标准驱动型社会责任管理推进之道。我们欣喜地看到这些中国一流企业正在通过社会责任管理创新企业管理的历史，中国企业社会责任管理正在中央企业的带动下，登上世界企业管理的历史舞台。

中国企业管理发展的历史机遇

企业社会责任是经济社会发展到一定历史阶段的产物，是社会可持续发展对企业提出的更多、更高和更新的要求，也是社会对企业提出的新期待。社会责任管理正是全球先锋企业在这一领域的新探索和新进展。

社会责任管理对全球企业来讲都是一个新课题。如果说改革开放以

中国核电：公众沟通驱动型社会责任管理

来，中国企业一直处于向西方企业不断学习企业经营管理理念和经验的阶段，那么，社会责任的发展提供了中国企业在同一起跑线上发展新型经营管理之道的难得机遇。中国企业如能创新运用社会责任管理理念和方法，率先重塑企业管理，将有望在全球市场竞争中赢得责任竞争优势，在为全球企业管理贡献中国企业管理经验的同时，引领新一轮更加负责任的、更加可持续的经济全球化。

本套丛书将首先面向中国社会责任先锋企业群体——中央企业，系统总结中央企业将社会责任理念和方法系统导入企业生产运营全过程的典型经验。其次，持续跟踪研究中国各类企业的社会责任管理实践，适时推介企业社会责任管理在中国各类企业的新实践、新模式和新经验。最后，借助新媒体和更有效的传播方式，使这些具有典型意义的企业社会责任管理思想和经验总结走出企业、走向行业、走向上下游、走向海内外，成为全球企业管理和可持续发展的中国方案样本。

本套丛书着眼于面向国内外、企业内外传播社会责任管理方面的做法和实践，主要有以下几个目标：面向世界传播，为世界可持续发展贡献中国企业智慧；面向中国传播，为中国企业推进社会责任管理提供样本；面向企业传播，为样本企业升级社会责任管理总结经验。

党的十九大开启了新时代中国特色社会主义新征程。在中国共产党成立100周年之际，我们取得了脱贫攻坚的伟大胜利，实现了全面建成小康社会的第一个一百年的奋斗目标。到21世纪中叶中华人民共和国成立100年时基本实现现代化、建成富强民主文明的社会主义强国的第二个一百年的伟大目标呼唤中国企业新的历史使命和责任。中国企业以什么样的状态迎接新时代、开启新征程？坚定地推进企业社会责任管理，依然是一流中国企业彰显时代担当的最有力的回答。企业社会责任

总　序（二）

只有进行时，没有完成时，一流的中国企业要有担当时代责任的勇气、创新进取的决心，勇做时代的弄潮儿，不断在企业社会责任和可持续发展道路上取得新突破。这是世界可持续发展的趋势所向，也是中国企业走向世界、实现可持续发展的必由之路。

习近平总书记指出："只有积极承担社会责任的企业才是最有竞争力和生命力的企业。"[①] 创新社会责任管理将是企业积极承担社会责任的有效路径，是实现责任竞争力和长久生命力的新法门，希望这套中央企业社会责任管理之道丛书能为企业发展贡献绵薄之力。

企业社会责任管理无论是在理论上还是在实践上，都是一个新生事物，本丛书的编写无论是理论水平还是实践把握，无疑都存在一定的局限性，不足之处在所难免，希望读者不吝提出改进意见。

丛书总编辑

2021 年 5 月 20 日

[①]《在网络安全和信息化工作座谈会上的讲话》，2016 年 4 月 26 日。

序　言

核电作为核能应用的最主要领域，从实现中国大陆核电"零"突破的秦山核电站，到被誉为"核电国产化重大跨越"的秦山核电站二期；从实现"核电工程管理与国际接轨"的秦山核电站三期重水堆核电站，到田湾、福清、三门、昌江等一批核电工程，我国核电事业逐渐走出了一条有中国特色的、以更好服务国民经济发展和人民美好生活为主要目标的发展道路。

中国核电作为中核集团服务于国家战略的重要板块，主要负责核电项目及配套设施的开发、投资、建设、运营与管理，清洁能源项目的投资、开发，输配电项目投资、投资管理，核电运行安全技术研究及相关技术服务与咨询业务，售电等领域。截至2020年年底，资产规模超过3817亿元，参控股公司（含合营公司）为39家，实现超过200堆年的安全运行业绩。中国核电作为我国核事业的国家队和主力军，在推动能源低碳转型、保障能源安全、建立现代能源体系等方面肩负着不可替代的责任和使命。

随着核电逐步迈入快速和规模化发展的新阶段，公众参与社会公共事务管理的意识日渐增强，媒体多元化和互联网的普及，核电发展面临着公众考验的"新常态"。尤其是日本福岛核事故之后，中国政府在涉核项目决策过程中逐渐把社会公众的态度置于更高层次，公众态度由此

中国核电：公众沟通驱动型社会责任管理

成为影响政府和企业决策的重要因素，核电项目和企业面临更大的舆论和公众压力。

为此，中国核电的沟通创新从主要与政府、监管机构及合作伙伴之间的沟通，转向与更广泛利益相关方群体的 B2C 沟通模式，以"你对核电的疑问，就是我们的责任"为宗旨，以透明、公开、平等、广泛、便利为原则的"3C"沟通理念，即 Confidence（信心）、Connection（联结）、Coordination（协同）。公众沟通在理念上从向政府、监管机构负责，转变为向包含政府和监管机构在内的股东、伙伴、用户、员工、社会等更多利益相关方负责；在行为上，从局部的、被动的企业行为，转变为全局的、主动的企业战略；在操作形式上，从单纯的信息公示，转变为包括公众沟通、公众参与、信息透明等多维度的沟通矩阵，基于公众沟通不断提升公司运营管理效率。

在中国核电看来，公众沟通是企业推进社会责任管理的指南针，为社会责任管理推进指明方向、找准重点。只有通过公众沟通找准公司社会责任管理的着力点，积极回应和综合吸纳来自社会的需求、环境的目标等多元利益诉求，树立公众对核电发展的信心，赢得公众的理解和认同，才能为核电健康、快速、持续地发展创造良好的舆论氛围和社会环境。为此，中国核电以公众沟通所形成的共识为起点，以多利益相关方的共同诉求和参与为中心，以创造中国核电的健康、稳定、可持续的发展为目标，创新实施企业文化、社会责任、品牌建设"三位一体"的管理模式，对内统一全体员工对以核安全为根基的卓越文化体系的理解和共识，使各运营管理部门、单位实现经济、社会、环境等综合价值最大化；对外提升管理的品牌效应，推动企业文化、社会责任与品牌建设融为一体，形成以责任为核心、以文化为动力、以品牌为目标的"三位一体"管理路径，助力公司"成为最具魅力的国际一流核能企业"总目标的实现。

序　言

履行社会责任是核电发展的基因，也是当前和未来核工业持续发展的重要保障。习近平总书记曾对我国核工业做出重要指示，"要坚持安全发展、创新发展，坚持和平利用核能，全面提升核工业的核心竞争力，续写我国核工业新的辉煌篇章。"[①] 2020年，习近平主席在第七十五届联合国大会一般性辩论上发表重要讲话，"中国将提高国家自主贡献力度，采取更加有力的政策和措施，二氧化碳排放力争于2030年前达到峰值，努力争取2060年前实现碳中和。"[②]

核能作为清洁能源的重要组成，在保证能源供应安全、调整能源结构、应对气候变化等方面具有重要的战略意义。公众沟通驱动型社会责任管理为核电企业更好地推进社会责任管理探索了一条可行的、适用的路径，也为核工业可持续发展、打造具有国际竞争力的国家名片贡献了力量。未来，中国核电将继续沿着这一路径，持续弘扬"强核报国，创新奉献"的新时代核工业精神，深入践行"责任、安全、创新、协同"核心价值观，更有效地提升清洁、低碳、高效发展的效益，为筑牢国家安全重要基石、建设美丽中国、擦亮"国家名片"贡献核电力量。

中国核电党委书记、董事长

2021年6月

[①] 出自《习近平就我国核工业创建60周年作出重要指示强调坚持安全发展、创新发展、和平利用　续写我国核工业新的辉煌篇章》，新华社，2015年1月。
[②] 出自《碳达峰、碳中和，重大考题如何破解》，《光明日报》。

目　录

第一章　顺应潮流：公众沟通驱动核电企业社会责任担当 …………… 1
 第一节　新时代的核电发展要有新担当 ………………………… 4
 第二节　公众沟通对核电发展的影响 …………………………… 10
 第三节　营造核电可持续发展的社会共识 ……………………… 15

第二章　基因解析：探索核电社会责任管理内在逻辑 ………………… 23
 第一节　始于公众信赖，赢得利益相关方理解和支持 ………… 26
 第二节　源于公众期望，对每一个利益相关方负责 …………… 33
 第三节　行于公众参与，发挥更多利益相关方的作用 ………… 40
 第四节　成于公众认同，共同塑造核电"国家名片" …………… 43

第三章　路径实践：推进核电社会责任管理落地实施 ………………… 47
 第一节　以安全责任为起点，构建以安全为根基的
     卓越责任文化体系 ………………………………………… 49
 第二节　科学识别公众诉求，明确社会责任核心议题
     和管理目标 ………………………………………………… 56
 第三节　深化社会责任议题管理，实现多相关方共同参与 …… 62

第四节 加强联结与协同，共同建设负责任的核电品牌 ………… 71
第五节 建立健全保障机制，形成社会责任系统管理 …………… 75

第四章 勇于担当：焕发新时代核电企业的责任魅力 ………… 83
第一节 凝聚共识的核电力量 ………………………………… 85
第二节 日渐提升的公众接受度 ……………………………… 88
第三节 以责任为基的企业运营管理 ………………………… 91
第四节 负责任的大国核电品牌形象 ………………………… 96
第五节 责任绘就核电新时代蓝图 …………………………… 100

附录 中国核电社会责任大事记 ………………………………… 107

第一章

顺应潮流：
公众沟通驱动核电企业社会责任担当

第一章　顺应潮流：公众沟通驱动核电企业社会责任担当

"观乎天文，以察时变；观乎人文，以化成天下"，这是源自《周易》的一句名言，其核心要义强调的就是"使命"和"担当"。

作为我国民族核电事业的开拓者和引领者，中国核能电力股份有限公司（以下简称中国核电）亲历了我国核电从小到大稳步发展的30余年，从20世纪90年代中国大陆核电"零的突破"，到我国自主三代核电"华龙一号"在福清核电投入商运，创造了多个中国核电发展史上的第一，形成了完整的核电产业体系，支撑起我国核电事业的半壁江山。

中国核电之所以在短短30余年间取得如此成就，原因有诸多方面，但强烈的使命意识和责任担当则是其快速发展的动力源泉。

中国核电"观乎天文，以察时变"，肩负历史使命和民族重托，承继"两弹一星"精神，以和平利用核能推动我国核电事业发展为己任，孜孜追求，砥砺前行。与此同时，中国核电"观乎人文，以化成天下"，积极响应时代变革与利益相关方的多元化诉求，成功探索并走出了一条公众沟通驱动型社会责任管理推进路径，将社会责任理念内化于心，外化于行，固化于制，增强公司的凝聚力和创造力，为我国的核电事业安全、创新、可持续发展培育持续的竞争优势。

30多年来，中国核电在其发展过程中，针对核电行业面临的公众、意见领袖及舆论环境的质疑与困惑，结合核电公众沟通工作的现状及问题，全力打造"总部统筹、上下联动、专业支持"的公众沟通一体化工作机制，围绕机制统一化、传播广泛化、受众精细化，着力建设一支高素质的队伍、一套灵活的工作机制、一批科普宣传示范基地，有序推进核电科普宣传工作统筹运作，提高社会公众对核电的认同感和接受度，为核电安全、高效发展提供良好的舆论氛围和社会环境。30多年来，中国核电自始至终以公众沟通全方位贯穿企业社会责任管理与实践，驱动企业社会责任管理落地，并推动核电企业健康发展。可以说，中国核电的今天，与其多年来坚持探索而形成的公众沟通驱动型社会责任管理发挥的重要作用密不可分。

第一节 新时代的核电发展要有新担当

一、发展核电是大势所趋

核能作为高效、清洁、稳定的能源，对于优化我国能源结构、弥补我国能源缺口具有重要意义。我国核工业创建于1955年，在创建初期，就提出和平利用原子能的设想。我国核电事业的发展大致经历了起步阶段、适度发展阶段、积极发展阶段和安全高效发展阶段。

起步阶段。1985年3月20日，我国自行设计、建造的第一座30万千瓦压水堆核电站在浙江秦山开工建设；1991年12月15日，成功实现并网发电，结束了中国大陆无核电的历史，被誉为"国之光荣"。1987年8月7日，引进法国技术建设的广东大亚湾核电站开工建设；1994年5月6日，两台百万千瓦级压水堆核电机组全部投入商业运行，开创了引进国外技术、利用外资建设大型商用核电站的新路子。实践证明，在核电起步阶段，以秦山一期和大亚湾核电站为代表的两条道路都取得了成功，为我国核电后续发展积累了十分宝贵的经验。

适度发展阶段。20世纪90年代中后期，国家确立了"适度发展核电"的方针，先后批准了浙江秦山二期、广东岭澳一期、浙江秦山三期和江苏田湾一期共8台核电机组的建设，把我国核电发展推上小批量建设的新台阶。其中，浙江秦山二期是在消化吸收法国M310技术基础上我国自主设计建造的60万千瓦压水堆核电站，广东岭澳一期采用了

第一章　顺应潮流：公众沟通驱动核电企业社会责任担当

大亚湾核电站技术翻版加改进的方案，浙江秦山三期是引进加拿大技术的重水堆核电站，江苏田湾一期是引进俄罗斯技术的VVER压水堆核电站。

积极发展阶段。2005年10月，根据中共中央关于"十一五"规划的建议，我国核电的发展方针由"适度发展"转变为"积极发展"。同年12月15日，广东岭澳二期核电站正式开工建设。2006年12月，我国在继续建设二代改进型核电机组的同时，做出了引进世界先进第三代核电技术的重大决策，开启了三代核电自主化进程。通过公开招标，国家最终做出引进美国西屋公司AP1000技术的决定，并开工建设4台AP1000机组（浙江三门一期两台、山东海阳一期两台）作为自主化依托项目。此后，又从法国引进建设两台EPR技术核电机组（广东台山核电厂）。2007年3月，审议并原则通过《核电中长期发展规划（2005—2020年）》，确定了到2020年核电发展目标（建成4000万千瓦、在建1800万千瓦），在"积极发展核电"方针的指引下，2005—2010年新开工核电机组累计达到30台。

安全高效发展阶段。2010年10月，中共中央在关于"十二五"规划的建议中提出了"在确保安全的基础上高效发展核电"的方针。2011年3月11日，日本福岛核电站发生严重泄漏事故后，国务院常务会议决定，立即组织对中国核设施进行全面安全检查，切实加强正在运行核设施的安全管理，同时对新上核电项目要严格审批，在核电安全规划批准之前不上新的核电项目。经过9个月的核安全大检查，2012年5月国务院常务会议听取了安全大检查情况的汇报，认为中国核设施选址对地震、洪水等外部事件进行了充分论证，核电厂设计、制造、建设、运行各环节均进行了有效管理，总体质量受控。运行和在建核电厂能够满足中国核安全法规和国际原子能机构（IAEA）最新标准的要求，具备一定的严重事故预防与缓解能力，风险受控，安全有保障。检查中也

中国核电：公众沟通驱动型社会责任管理

发现个别核电厂防洪能力不足、严重事故预防与缓解规程不完善、对海啸风险评估能力不足等问题。2012年6月，国家核安全局发布《福岛核事故后核电厂改进行动通用技术要求》，分别对运行核电厂和在建核电厂提出安全改进要求，各项改进行动顺利实施。同年10月24日，国务院常务会议审议并通过《核电安全规划（2011—2020年）》和《核电中长期发展规划（2011—2020年）》，对当前和今后一个时期的核电建设做出部署，要求稳妥恢复正常建设，合理把握建设节奏，稳步有序推进。调整后的《核电中长期发展规划（2011—2020年）》将发展目标调整为：到2020年，运行核电装机达到5800万千瓦，在建3000万千瓦左右[1]。在"安全高效发展"方针的指引下，截至2019年12月底，我国运行核电机组达到47台，总装机容量为4875万千瓦，仅次于美国、法国，位列全球第三，核电总装机容量占全国电力装机总量的2.42%[2]。

结合当前国内外形势与环境，《中国核能发展报告（2020）》指出，核能在我国能源结构中的定位更加明确；核电建设节奏有望趋于稳定；核电产业链有望更加均衡发展；核能多用途利用的示范工程有望陆续启动；核电将更加广泛参与电力市场改革[3]。"十四五"及中长期我国核电将在确保安全的前提下向积极有序发展的新阶段转变。预计到2025年，我国核电在运装机能达到7000万千瓦左右，在建约5000万千瓦；到2030年，核电在运装机容量达到1.2亿千瓦，核电发电量约占全国发电量的8%[4]。

---

[1] 出自《新中国成立70周年核电发展研究报告》。
[2][3] 出自《中国核能发展报告（2020）》，社会科学文献出版社。
[4] 出自《中国核能发展报告（2021）》，社会科学文献出版社。

二、坚持安全发展核电

原子的发现和核能的开发利用给人类发展带来了新的动力，极大增强了人类认识世界和改造世界的能力。同时，核能发展也伴生着安全风险和挑战。人类要更好利用核能、实现更大发展，必须应对好各种核安全挑战，维护好核安全。

近 70 年来，中国核事业从无到有、持续发展，形成了完备的核工业体系，为保障能源安全、保护生态环境、提高人民生活水平、促进经济高质量发展做出了重要贡献。党的十八大以来，中国的核安全事业进入安全高效发展的新时期。习近平主席在第三届核安全峰会上提出并重申中国核安全观，明确中国核安全观的根本特征是理性、协调、并进。中国核安全观的核心内容是：坚持发展和安全并重，以确保安全为前提发展核能事业；坚持权利和义务并重，以尊重各国权益为基础推进国际核安全进程；坚持自主和协作并重，以互利共赢为途径寻求普遍核安全；坚持治标和治本并重，以消除根源为目标全面推进核安全努力。核安全观的提出，为新时期中国核安全发展指明了方向，为推进核能开发利用国际合作、实现全球持久核安全提供了中国方案[1]。

习近平核安全观所蕴含着的伦理本质，明确了核能利用的目的是造福人类，而不是相反[2]。要科学地、理性地看待"核"，要充分认识原子的发现和核能的开发利用这一人类发展史上的重大变革和进步意义。不能因为历史上发生过几次核事故就因噎废食而"弃核"，相反，核能具有清洁高效的优点，和平利用核能有助于优化能源结构、保障能源安全、保护生态环境、满足经济社会发展对能源的需求，具有经济的、生

---

[1] 出自《习近平首次阐述中国核安全观 推动实现持久核安全》。
[2] 出自《习近平核安全观的伦理探究》。

态的、社会的等多方面价值。

2019年9月3日，国务院新闻办公室发布我国首部《中国的核安全》白皮书，全面介绍了我国核安全事业的发展历程，阐述我国核安全的基本原则和政策主张，分享我国核安全监管的理念和实践，阐明我国推进全球核安全治理进程的决心和行动。原子能法是统领我国原子能领域的基础性法律，备受关注的核电管理条例、核安保条例、核损害赔偿法、乏燃料管理条例等一批法律法规也正在抓紧制定。

截至2019年年底，我国已建成的13个核电基地，从未发生国际核事件分级标准（INES）二级及以上的运行事件，核电安全运行总体水平位居国际先进行列[①]。

三、发挥核电清洁低碳效益

气候变暖被国际公认为人类面临的重大威胁之一。根据世界气象组织最新发布数据显示，2011—2020年是工业革命以来最热的10年，而2020年是最热的一年。科学界认为，二氧化碳排放是造成全球气候变暖的根源。气候变暖后，容易产生极端天气，如会带来大型甚至超大型台风、飓风、海啸等自然灾害；会造成内陆地区大面积干旱，从而带来粮食减产，直接影响国家稳定；会造成冰川融化，淹没城市，对人类带来重大灾难等[②]。

核能作为安全、清洁、低碳、高能量密度的战略能源，具有能量密度高、单机容量大、占地规模小、长期运行成本低等特点，大力发展核电可有效提升能源自给率。正是由于核能发电具有其他能源无法比拟的高能量密度和高稳定性等特点，2018年第九届世界清洁能源部长级会

---

① 出自《中国核能发展报告（2021）》，社会科学文献出版社。
② 出自《实现碳达峰、碳中和，核能是重要能源选择》。

第一章　顺应潮流：公众沟通驱动核电企业社会责任担当

议上，明确将核电定位为清洁能源，并且倡议关注核电用于基荷电力（即电网中稳定供电的基础电力）及未来新的低碳复合能源系统建设。尽管当今世界上各种类型的清洁能源层出不穷，但核能已经成为世界清洁能源主力军①。

统计数据显示，2020年1月至12月全国累计发电量为74170.40亿千瓦时，运行核电机组累计发电量为3662.43亿千瓦时，占全国累计发电量的4.94%。与燃煤发电相比，核能发电相当于减少燃烧标准煤10474.19万吨，减少排放二氧化碳27442.38万吨，减少排放二氧化硫89.03万吨，减少排放氮氧化物77.51万吨。

核能是全生命周期碳排放最小的发电技术之一。政府间气候变化专门委员会（IPCC）的评估报告中指出，在考虑铀矿采冶及核电站退役治理后，核能依然是全生命周期碳排放最小的发电技术之一。国际能源署（IEA）的研究表明，在过去的半个世纪中，核电帮助降低了二氧化碳的长期排放增加速度，尤其是在发达国家。

国际原子能机构（IAEA）预判，只有增加核电利用，未来全球才有可能实现气候变化目标。数据显示，近年来核能应对全球气候变化作用持续增强，2019年，全球核电总发电量达2657太瓦时，贡献了世界约1/3的低碳电力。而核能对低碳电力的贡献在发达经济体中表现尤为突出。可以说，核能是应对全球气候变化作用不可或缺的低碳能源。

通过对不同发电能源的温室气体排放比较可以发现，核电产业链温室气体排放水平与水电、风电相当，是太阳能光伏发电的1/5左右，比煤电低约两个数量级②。

习近平主席先后多次在重大国际场合就"中国力争于2030年前二

---

① 出自《"华龙一号"总设计师谈第三代核电技术：更清洁安全》。
② 出自《每建设一台"华龙一号"，会将"碳达峰""碳中和"目标进程向前推进多少年》。

氧化碳排放达到峰值、2060年前实现碳中和"发表重要讲话。2020年10月，第十九届五中全会确定《中共中央关于制定国民经济和社会发展第十四个五年规划和二〇三五年远景目标的建议》，明确提出要加快推动绿色发展，降低碳排放强度，支持有条件的地方率先达到碳排放峰值，制定二〇三〇年前碳排放达峰行动方案。

综合核电与其他能源品种的技术特性及发展情况，核电将成为助力我国打赢"碳达峰、碳中和"这场硬仗、推动我国能源转型发展和生态文明建设的重要力量。"碳达峰、碳中和"的目标要求，也为我国的核电事业发展迎来了全新的机遇。

第二节　公众沟通对核电发展的影响

作为人类科技进步的重大成果，核电为社会发展提供了清洁高效的电力。核电的可持续发展离不开技术进步，更离不开全社会的理解和支持。从中长期看，唯有做好公众沟通，才能从根本上赢得全社会对核电的理解和支持。

一、核安全事故引出的思考

自1954年苏联第一座并网发电核反应堆开始运行以来，截至2019年年底，全球在运核电机组443台，总装机容量超过3.92亿千瓦，累计安全运行了1.8293万堆年[1]。其间，重大核安全事故共发生三次：1979年美国三里岛核事故、1986年苏联切尔诺贝利核事故和2011年日本福岛核事故。每次核事故的发生都为核安全敲响了警钟，引起了公众对核安全发展的更多关注。

---

[1]　出自《中国核能发展报告（2021）》，社会科学文献出版社。

第一章　顺应潮流：公众沟通驱动核电企业社会责任担当

20世纪70年代是美国核能快速发展时期，当时的主要社会问题为究竟选择在距离公众多远的地方建造核设施及核反应堆的安全性。1979年，三里岛核事故发生后，美国各大城市的群众和正在修建核电站地区的居民纷纷举行集会示威，要求停建或关闭核电站。此次事件成为民众反核态度激化的历史转折点，公众接受性问题自此在核能发展中发挥重要影响。1986年，苏联切尔诺贝利核事故发生，这是首例被国际核事件分级表评为第七级事件的特大事故。经国际原子能机构专家认真研判后，认定事故的主要原因是核安全管理中设计、管理、文化三方面的严重问题。由此，公众对核安全的管理与文化提出更高要求。2011年，日本福岛核事故后，公众对核设施产生强烈的抵触心理，反核抗议活动一度导致许多国家的后续核能项目陷入困境，核能的公众接受性问题成了核能全球战略发展的关键因素，给全球核电工业的经营发展带来了巨大变化。

一是安全性成为核电工业的生命线，社会道义与全球可持续发展诉求呼唤负责任的政府与企业。核安全关乎人类共同安全，三里岛、切尔诺贝利和福岛核事故都让人们深切地认识到核安全的重要性。负责任的核电企业运营管理不仅影响企业自身的可持续发展，更影响一个国家的国际形象。

2014年3月24日，在荷兰海牙第三届核安全峰会上，习近平主席提出理性、协调、并进的核安全观，其核心内涵是"四个并重"，全面系统推进核安全进程，体现为发展和安全并重、权利和义务并重、自主和协作并重、治标和治本并重。中国在确保安全基础上开展核能和平利用，既满足当代人的需要，又不对子孙后代遗留隐患、构成危害，以保障人类文明永续发展。中国核安全工作的基本原则是：安全第一、依法治核，预防为主、纵深防御，责任明确、独立监管，严格管理、全面保障。

二是公众的接受度成了核电工业能否落地的关键因素。核安全事故的发生，提升了全球公众对核电的安全敏感度，降低了对政府及企业开发核电项目的信任度，公众接受度成了诸多核电项目落地的关键性因素，很多国家的核电启动、核电能源规划及核电站的选址、环评、建设甚至废料填埋等都不得不考虑公众的意见。

在我国，生态环境保护部明确规定，核电项目厂址选择阶段的公众沟通工作应得到充分重视，公众沟通工作方案和核电项目选址阶段公众沟通工作总结报告作为厂址选择阶段公众沟通工作的支持性材料，是颁发核电项目厂址选择审查意见书的前提条件。《国家发展改革委重大固定资产投资项目社会稳定风险评估暂行办法》（发改投资〔2012〕2492号）、《国家发展改革委办公厅关于印发重大固定资产投资项目社会稳定风险分析篇章和评估报告编制大纲（试行）》（发改办投资〔2013〕428号）明确规定，社会稳定风险分析应当作为项目可行性研究报告、项目申请报告的重要内容并设独立篇章。社会稳定风险评估报告是国家发展改革委审批、核准或者核报国务院审批、核准项目的重要依据，评估报告认为项目存在高风险或者中风险的，国家发展改革委不予审批、核准和核报。由此可见，公众意见已成为核电项目能否落地的决定性因素之一。

三是常态化的沟通机制和舆论监控应融入核电日常运营当中。对于核安全事故的发生，核电行业不仅要吸取核事故的经验教训，不断提升核电技术水平，持续改进其性能安全，更要认识到核电相关科普知识普及、核工业项目建设和运行全过程沟通的重要性。核电企业需要及时响应利益相关方的诉求，提高公众对核电的基本认知，引导公众理性认知与看待核能项目，可以说，能够在很大程度上减少甚至避免公众对其产生的成见、误解及由此带来的恐慌。因此，将沟通机制和舆论监控融入核电日常运营当中，无疑对改善整个核电工业可持续发展至关重要。

在核电这个特殊的行业中，全方位的利益相关方沟通不仅能够让事件本身得到更好的解决方案，也能够让涉事主体更快地或者光明正大地走出舆论的漩涡。这种沟通的目的和周期不仅保障了利益相关方的知情权，让真实、公正的信息得到及时的披露并抵达利益相关方，更包括监督权，创造必要的条件，让利益相关方以适当的方式与途径对企业的经营行为进行批评、建议、监督等，还包括参与权，让利益相关方在企业相关的经营决策及具体实践中发挥一定的作用，以保障双方共同的利益。对于企业而言，在核电项目的决策和实施过程中，只有积极搭建政府、公众、企业、社会团体等多方对话的平台，做好公众沟通，赢得公众支持，才能为核电健康、快速、持续发展创造良好的舆论氛围和社会环境。

二、公众沟通重要性的凸显

福岛核事故之后，中国政府在涉核项目决策过程中逐渐把社会公众的态度置于更高位置，公众态度由此成为影响政府和企业决策的重要因素，核电项目和企业面临更大的舆论和公众压力。为此，核电企业必须与社会各界建立起更加密切的沟通和互动关系，在获得公众理解和认可的前提下，继续推动核电发展。

一是顺应世界核电发展的潮流。核电作为一种安全、清洁、低碳、可靠的能源，已被越来越多的国家所接纳和采用，安全高效发展核电已成为能源革命的重要方向，已成为清洁能源利用与发展的主力。全球对核电产业发展提出了更高要求。企业社会责任强制化、标准化新趋势，对包括核电在内的各个行业的发展提出更高标准，对核电企业商业活动的影响和约束日趋严格。这要求核电企业在发展中既要考虑经济效益，更要对环境、社会诉求给予更多的关注。核电企业在发展中需要更多考虑各社会群体的期望和诉求，积极履行对公众的责任。

二是推动国家核电发展规划的落地。发展核电是我国核能事业的重要组成部分。中国坚持发展与安全并重原则，执行安全高效发展核电政策，采用最先进的技术、最严格的标准发展核电。积极推进核电建设、推动核电出口，实现共商共建共享，也是贯彻落实"创新、协调、绿色、开放、共享"五大发展理念的积极实践。按照我国核电中长期发展规划目标，预计到2025年，我国核电在运装机为7000万千瓦左右，在建约5000万千瓦；到2030年，核电在运装机容量达到1.2亿千瓦，核电发电量约占全国发电量的8%[①]。"一带一路"倡议也为核电发展带来新机遇，习近平总书记、李克强总理多次在外事活动中推广我国核能技术，核电"走出去"已上升为国家战略，国家层面已出台推动核电"走出去"战略实施的多项举措。

三是帮助公众深化对核电的科学认知。核电的快速发展正面临着公众沟通的难题。福岛事故对世界核电发展造成一定的影响，公众认知和接受程度成为核电发展的关键因素之一。从国内情况来看，普通公众对核电安全性的认知有限，恐核心理仍然存在，对核电安全缺乏信任。一些核电项目极有可能在反对和质疑声中被迫拖延甚至中止，造成巨大社会资源浪费。保障核电事业健康发展，需要持续增进与公众的沟通，了解和满足公众合理诉求，让公众了解核电是一种安全、清洁、可持续发展的能源，是国家重要的能源保障。尤其是当下已进入互联网时代、信息化时代，需要建立起政府、企业、专家、公众共同参与的社会治理模式，让更多的人了解、参与到核电事业发展中来。中国工程院原副院长杜祥琬院士曾表示，"公众需要科普，但是我们不能把公众只当作科普的对象，他们还是参与的主体。要让公众感觉到发展核电，大家是利益的获得者，而不是风险的承受者，把工作做到这样的地步，我们的核电

---

① 出自《中国核能发展报告（2021）》，社会科学文献出版社。

就会健康发展"①。

公众沟通成为核电发展绕不过的话题。然而，这种沟通对核电企业及其员工提出了更高的要求，必须从内而外树立主人翁精神，形成比规则、制度更有内在力和影响力的企业文化，并经得起监督和质疑，也对企业的经营理念和方式提出新的挑战，并且这种沟通最终也将对企业的品牌发展带来持续的影响。

因此，如何让公众认识、信任和接受核电成了一个系统性管理课题。以公众沟通为驱动，作为中国核电产业的龙头企业，中国核电在其发展历程中开始深入地思考与探索：应该如何打造一条创新的管理之路，提高公众接受度，彰显核电企业责任形象，在全球打响中国品牌？

第三节　营造核电可持续发展的社会共识

在现有的能源形式中，核能可以大规模替代化石能源，提供稳定、可靠的电力低碳清洁能源，是我国能源绿色发展的支柱。那么，如何实现核电的可持续发展呢？

中国核电在多年的管理运营实践中，结合全球企业社会责任发展的大趋势，落实党中央国务院及国务院国资委对社会责任管理及实践方面的要求，梳理和探索、破解当前核电在公众沟通困境中的战略和管理思路，用"大沟通"走出了一条响应利益相关方诉求并与之共创共赢的社会责任管理之路。以公众沟通驱动企业社会责任管理，以企业社会责任管理有效落实"安全、创新、协调、绿色、开放、共享"的理念，从而驱动核电的可持续发展。

---

① 出自《直面核电公众沟通对核电发展的影响》。

一、"国之光荣"与生俱来的社会责任基因

20世纪初,企业社会责任理论的浪潮席卷全球。2006年1月新修订的《公司法》第五条要求公司"承担社会责任",党的十六届六中全会通过的《中共中央关于构建社会主义和谐社会若干重大问题的决定》倡导包括企业在内的各种组织通过履行社会责任,参与和谐构建。自此,企业履行社会责任开始得到普遍认同。2008年1月4日,国务院国资委出台并发布了《关于中央企业履行社会责任的指导意见》,这为中国核电这样肇始于"国之光荣"的国有企业指明了责任路径。

中国核电下属的核电站之一秦山核电站是我国大陆第一座核电站,于1985年正式开工建设,1991年并网发电,由此"中国核电从这里起步",被誉为"国之光荣"。在最初的文化体系当中,其将"责任化为动力"作为核心价值观之一。到2008年1月21日,中国核能电力股份有限公司的前身中核核电有限公司成立后,中国核电的多座核电站在起步发展之初都将服务人民作为企业使命。类似于这样的文化价值理念让中国核电在一开始的经营中就意识到核电建设本身与公众是密不可分的,密切联系人民、配合国家核电发展大战略是立企之本、可持续发展之源。

二、中国核电开展社会责任管理的历程

在核工业全产业链体系的支撑下,中国核电一直秉承着"两弹一星"精神和"四个一切"核工业精神,践行"责任、安全、创新、协同"的企业核心价值观和"强核报国、创新奉献"的新时代核工业精神,不断追求卓越,超越自我,致力于为企业创造价值、为股东创造利润、为员工创造幸福、为社会创造财富,倾力打造"最具魅力的国际一流核能企业",发挥高效、清洁、低碳的能源企业的优势,助力"碳

达峰、碳中和"事业，为建设美丽中国、生态文明，实现"强核强国、造福人类"的企业使命而不懈奋斗。

1. 公众沟通融入责任文化（2011—2013年）

2011年，中国大陆首座核电站——秦山核电站安全、稳定运行满20周年。在这20年中，这座被誉为"国之光荣"的核电站不仅构建了独特的安全文化，积累了丰富的自主创新和安全运行经验，其多年来形成的公众沟通经验更成了其安全、稳定运行的重要保障。秦山核电基地连续多年在海盐学校、社区举办核电知识讲座、竞赛、科普展览，与当地有关部门联合举行核电主题夏令营活动等，每年组织上万名学生和社会各界群众走进基地参观，消除对核电的神秘感。2011年5月，秦山核电基地在福岛核事故之后组织首次公众开放日活动，多名社会各界代表、嘉兴市民走进了核电秦山联营有限公司的科普展厅、厂区保护区。在这次深度开放中，国内公众近距离了解到切尔诺贝利"核殇"、福岛核泄漏的事故原因，并且看到秦山核电站与日本福岛核电站的设计差异，这有力改善了福岛核事故发生后国内权威信息的真空状况，消除了社会公众对安全的疑虑，也为国内核电工业的发展带来了积极的影响。由此，中国核电开始切身体会到公众对核电认知度与接受度对核电事业发展的重要意义，更加注重对内部与外部利益相关方负责任的管理。

2012年，国务院国资委将加强社会责任管理作为中央企业管理提升13项专项内容之一，开展了相关培训。中国核电在经历了2011年12月31日公司转制为股份公司后，海南核电开工建设，桃花江核电、辽宁核电、三明核电、漳州核电、河北核电、中浙能源等相继成立项目公司，呈现蓬勃发展的态势。在此形势下，中国核电也结合与利益相关方沟通中的经验，开始深刻思考，作为一家中央企业，中国核电应该为国家和人民担负怎样的社会责任和历史责任？同年的8月17日，中国核电发布首份社会责任报告，以报告的方式公开披露中国核电的社会责任理念及在包括安全、绿色等方面的重要实践。报告指出，中国核电将牢固树立"安全是核事业的生命线、核能企业的生存线、核电员工的幸福线"的理念，致力于为企业创造价值、为股东创造利润、为员工创造前途、为社会创造财富，树立安全清洁、高效环保、勇担社会责任的核电企业形象。

正是在这样的管理目标与框架下，中国核电从内部积淀的优秀企业文化出发，成立专门工作组，梳理公司的企业文化理念，提炼形成以"安全是核事业的生命线、核能企业的生存线、核电员工的幸福线"为核心的企业文化理念体系，并逐步实现全系统文化宣传一体化，让中国核电的文化产品逐渐以丰富多样的形式走入公众之中。

2. 公众沟通融入日常运营（2014—2015年）

2014年，国家有关部门对维护公众在重大项目中的知情权、参与权和监督权愈加重视，党中央层面也对企业对利益相关方的履责提出了更高的要求，党的十八届四中全会通过的《中共中央关于全面推进依法治国若干重大问题的决定》，把"加强企业社会责任立法"作为完善我国法律体系的重点任务之一。与此同时，随着互联网技术的发展，以微信公众号为主要载体的自媒体等新的传媒方式实现了真正意义上的爆炸式发展，改变了人们以往接受信息的方式，而公众参与社会公共事务管理的意识逐渐增强，这些都给中国核电开展公众沟通与社会责任管理带来了更高的挑战。

为此，中国核电不断丰富社会责任内涵，形成"对国家负责、对公众负责、对事业负责、对历史负责"的社会责任观，并发布了《中国核电2013年度社会责任报告》，系统性地梳理了中国核电在安全、环保、经济、人文四个方面的核心责任，形成"倾力安全、给力环境、助力经济、致力人文"的"四力"社会责任体系。

"倾力安全"指奉献更先进的核电技术，培养更多的核电人才，守护核电安全的未来。2014年，中国核电邀请世界核电运营者协会（The World Association of Nuclear Operators，简称WANO）实施核电公司总部的同行评估（Corporate Peer Review，电力公司总部同行评估，简称CPR），成为中国大陆第一个接受WANO电力公司同行评估的核电公司。中国核电"大修管理"和"公众宣传"被评估为"强项"。"给力环境"指发挥核电清洁能源的优势，建设美丽中国绿色的未来。2014年以来，中国核电陆续修订和完善《环境因素的识别与评价》《质量、环境和职业健康安全管理手册》《环境和职业健康安全绩效监视和测量》等规章制度，保障全过程环境管控有章可循。"助力经济"指保护能源供应与安全，拉动国民经济建设，实现核电高效发展的未来。2014年11月，中国核电获得国家能源局批复，获准福清5、6号机组采用融合后的"华龙一号"技术方案，建设国内示范工程，验证我国自主三代核电技术，推进福清5、6号机组前期工作顺利开展。作为我国核电"走出去"的重要品牌，"华龙一号"落地福清极大地促进中国核电全方位参与国际竞争，为最终实现核电"走出去"的国家战略目标奠定基础。"致力人文"指注重人文关怀，真诚回馈社区，营造和谐美好的未来。中国核电对稠门村、高畈村、柳河村、南达村等开展结对帮扶，设立"志愿服务点"和"党员实践点"，开展对接帮扶，献智献力，共同促进地方发展。

3. 公众沟通融入品牌化、国际化发展（2015年至今）

2015年6月10日，中国核电登陆上交所，成为A股首家纯核电上市公司。这一年间，中国核电开发的我国自主三代核电"华龙一号"首台示范工程——福清核电5号机组正式开工，为中国核电产业"走出去"战略的实施提供有力支撑。中国核电多个电站开工建设，中国核电不仅在国内需要开展更深入的公众沟通实践，以确保核电站的稳定运行，响应股东、上交所及相关监管机构对中国核电社会责任治理提出的更规范、更专业的要求，还需要做好与国际舆论接轨的准备，为中国核电"走出去"树立良好的国际形象。

2016年，中国核电加快了"走出去"的步伐，巴基斯坦当地时间2016年10月15日，由秦山核电（中核运行）负责调试的恰希玛核电3号机组正式并网成功。2016年11月10日，中国核电（英国）有限公司揭牌。2020年9月4日，"华龙一号"海外首堆——巴基斯坦卡拉奇核电K-2机组热态性能试验圆满结束，为后续机组装料、并网发电等重大节点奠定坚实的基础，进一步增强了"一带一路"沿线国家对"华龙一号"的信心。

2017年，中国核电编制并发布了《中国核电"十三五"企业文化、社会责任及品牌传播专项规划》，持续完善社会责任管理基本模型，秉承卓越文化之道，以安全为本，以创新为要，以责任为魂，明确提出实施"企业文化落地、社会责任践行、品牌传播推广"三大工程，系统打造"三位一体"的企业文化、社会责任及品牌传播推进模式，以责任为内核，实现内强文化、外塑形象，全面融入公司"规模化、标准化、国际化"的发展战略，进一步践行"追求卓越、超越自我"的价值观，全方位打造"魅力核电、美丽中国"的上市核电龙头企业的品牌形象。

在新的阶段，中国核电意识到，中国的核电企业在"一带一路"沿线已经实现突破，但整体来看力量还比较分散，尚未形成合力。中国核电产业面临着激烈的国际竞争，如何提升包括研发、施工、装备等整个产业链的综合实力，被列入了作为"国之重器"中国核电的重要使命之中。对整个核电行业来说，如何才能让公众沟通跟进核电技术的更新换代和核电工业的发展步伐，推动核电的稳定、持续发展？对涉及国家能源安全的核电产业来说，如何才能集中全社会各个领域的关注度、认知度、参与度支持与推动整个产业的发展？

第一章 顺应潮流：公众沟通驱动核电企业社会责任担当

为此，中国核电深入总结和思考了过去多年来的公众沟通与企业管理发展历程，创立了 B2C 的公众沟通模式及"信心、联结、协同"的 3C 沟通理念，不仅将公众沟通延展至核电工业全产业链，开创了新媒体时代更多元化的沟通方式，提出了公众沟通领域的"云服务"的概念，更从企业管理上以 3C 理念驱动"文化、责任、品牌"三位一体管理体系。至此，中国核电以响应时代变革与利益相关方多元化诉求为驱动，溯源于企业内部核心责任理念和时代使命的社会责任管理之道，从整个产业链的维度让核电走进公众心里，为整个中国核电产业的可持续发展、打造具有国际竞争力的"国家名片"树立了一座丰碑。

第二章

基因解析：
探索核电社会责任管理内在逻辑

第二章 基因解析：探索核电社会责任管理内在逻辑

企业社会责任管理的一般属性是符合企业管理 PDCA 循环理论，它是一种有目标、有计划、有执行、有评估、有改进，系统性地对企业社会责任实践活动进行管理的过程。企业社会责任的本质属性是企业有效管理其决策和活动所带来的经济、环境和社会影响，是一个提升责任竞争力，不断满足和平衡利益相关方诉求，实现利益相关方期望，最大化地为利益相关方创造经济、环境和社会综合价值的过程，是对企业管理理念、管理目标、管理对象和管理方法等进行重新塑造。不同行业属性的企业在运营管理过程中对社会、环境产生的影响不同，企业推进社会责任管理的路径自然有所不同。

对核电行业中的企业来说，公众对核电发展的高度关注已经从核电项目选址、建设扩展至运营管理的方方面面。近年来发生的诸如 PX 项目接连遭遇"民意狙击"事件、江西彭泽核电项目引发对内陆核电质疑的舆论事件、广东江门核燃料元件厂项目引发的群体性反对事件等为核电发展提出了新的挑战，揭示出核电企业的社会责任管理要从公众出发，以赢得公众对核电发展的信赖为起点，通过公众沟通找准公司社会责任管理的着力点，真正识别和了解公众对核电发展的期望，与包括公众在内的多利益相关方协同合作，共同为核电健康、快速、持续发展创造良好的舆论氛围和社会环境。

中国核电在推进社会责任管理过程中，明确"做最具魅力的国际一流核能企业"的总体目标，将公众沟通作为社会责任管理的驱动力，以安全为根基的卓越文化理念和坚实的实力赢得公众信赖为起点，以公众的期望和诉求为出发点找准社会责任管理的方向，形成履责目标，以多样的沟通参与增强公众的理解和支持，以在公众心中建立起可持续的品牌形象认同作为衡量社会责任管理的最终尺度。坚持"责任、品牌、文化"三位一体,有效地发挥出公众沟通驱动责任、品牌、文化多专业的整合资源优势,在推进社会责任管理提升的同时,对内培育富有激励、富有特色、积极向上的企业文化,对外提升"中国核电"品牌影响力、感召力和美誉度,形成独具特色的中国核电社会责任管理之道,如图2-1所示。

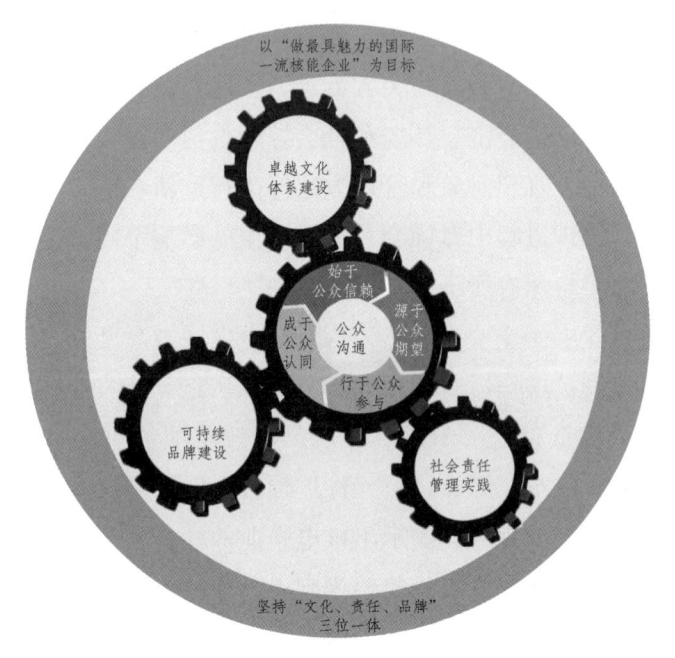

图2-1 核电公众沟通驱动型社会责任管理之道

第一节 始于公众信赖,赢得利益相关方理解和支持

企业的行为影响带来了对利益相关方的情感反应(理解、反感或无所谓),企业推进社会责任管理的过程是要不断增进与利益相关方的

情感和信赖的过程。以公众为核心的利益相关方对企业运营管理的理解和支持是企业,尤其是核电企业可持续发展的重要基础和保障。只有当利益相关方充分信赖核电企业,相信核电企业可以安全、健康、持续地发展,才愿意与核电企业加强沟通,一起参与核电事业的建设。对于核电企业而言,公众信赖的基础就在于核电企业坚实的安全根基、持续改进的文化理念、对"国家名片"的坚守,以及稳健增长的企业实力。

一、信赖源自坚实的安全根基

国际原子能机构(IAEA)的国际安全咨询组于1986年在《切尔诺贝利事故后评审会议总结报告》中首次引出"安全文化"的概念,于1988年在《核电安全的基本原则》中把安全文化的概念作为一种基本管理原则,并于1991年出版《安全文化》一书,对核安全文化做出如下定义:核安全文化是存在于单位和个人中的种种特性和态度的总和,它建立一种超出一切之上的观念,即核电厂安全问题由于它的重要性要保证得到应有重视。

安全是核工业的生命线,是核工业生存和发展的根基。政府、媒体、公众在内的多利益相关方对核电企业的生产运行、辐射影响等高度关注,要求核电企业建立健全核安全管理体系,在切实的安全生产业绩基础上发展核电事业。对内,要建立起核安全文化,要以维护公众健康和环境安全为最终目标,将核安全文化融入血液并体现在日常工作和生活之中,确保核安全万无一失,追求零事故、零伤害的卓越安全绩效。对外,要定期通过发布社会责任报告、核电安全生产年报等方式,公开披露中国核电本部及运行(在建)核电厂的安全生产工作开展情况及相关数据,公开接受社会监督。对于中国核电来说,截至2020年年底,连续200堆年安全无事故的核电运行业绩已成为其赢得公众理解和支持的重要前提。

二、信赖源自卓越的企业文化体系

企业文化是一个组织由其使命、价值观、处事方式等组成的特有的文化形象，是企业的灵魂，是推动企业发展的不竭动力。尤其是企业使命、企业愿景、企业价值观及企业奋斗目标，是企业文化的核心，对统一全体员工的共识、设定员工工作行为的标准有很大的参考性，以此决定企业发展的方向与具体行为。

企业使命是企业存在的根本目的，是企业肩负的最大责任，是企业前进的最强驱动力。这要求核电企业要以国家价值、社会的安全，以及健康、可持续发展为前提，设定企业发展方向，彰显国有企业的使命担当。中国核电以"强核强国、造福人类"为企业使命，就是要全面贯彻落实习近平新时代中国特色社会主义思想和人类命运共同体理念，持续推动以科技创新为核心的全面创新，深入实施以科技创新为驱动的发展战略，实现安全发展、创新发展，为国民经济和社会发展、实现中国梦积极贡献力量，造福全人类。

企业愿景是企业对未来发展的美好憧憬，是企业长期追求的目标。以公众为核心的利益相关方对核电企业的信赖建立在核电企业不仅以自身发展为前景，更要综合考虑对核电行业、社会、国家的价值和贡献。2019年，中国核电将企业愿景更新为"国际核科技发展的引领者"，就是要致力于成为全球核电/核能安全运行的引领者，树立核电安全运行的业绩标杆，打造值得信赖的高素质团队，发挥在核电领域的影响力，输出高标准的技术与人才，创建社会公众广泛认知、认可的核电品牌，展现中国核电安全高效、清洁环保、勇担责任、创新引领的企业魅力。

企业核心价值观是企业和员工共同坚守的基本价值取向和价值判断标准，是企业价值理念体系的核心，在很大程度上影响甚至决定了企业运营管理的方向，以及员工业务实践的行为标准。只有真正将负责任的理念融入企业核心价值观，将其作为衡量一切工作的出发点和落脚点，企业在作业务运营决策时、员工在具体践行业务工作时，才能真正综合考虑多利益相关方的需求，更大限度地赢得利益相关方的理解和支持。中国核电始终坚持"责任、安全、创新、协同"的核心价值观，将责任视为中国核电成就事业的基石，是中国核电人对国家、民族和事业的庄重承诺，将安全视为核工业的生命线，是核工业生存和发展的根基，将创新视为中国核电实现卓越的不竭动力，将协同视为强核、强国的内在要求。这就要求全员有大局观，企业融入社会、国家，服从、服务于大局，把国家利益置于企业利益、个人利益等一切局部利益之上。

企业的奋斗目标是企业的奋斗方向和企业员工的工作方向的具体指南，是企业特色文化理念的自觉表达。企业不仅要将奋斗目标与其责任、担当相契合，更要以切实的战略规划、行为标准，要求公司上下与其保持一致，形成整体合力。中国核电明确了未来发展的奋斗目标：一是"奉献安全高效能源，创造清洁低碳生活"，要求公司始终贯彻"创新、协调、绿色、开放、共享"的发展理念，坚持"在确保安全的基础上高效发展核电"的方针，确保核电站安全、稳定、经济运营，打造以安全为前提的成本领先优势，以期为社会提供优质可靠的能源。二是"做最具魅力的国际一流核能企业"，树立核电安全运行的业绩标杆，打造值得信赖的高素质团队，发挥在世界核电领域的影响力，以一流的运行业绩、高标准的技术与人才输出，创建社会公众广泛认知、认可的中国核电品牌，展现中国核电安全高效、清洁环保、勇担责任、创新引领的企业魅力，为中国成为核强国做出应有的贡献。三是"追求卓越、超越自我"，要求中国核电人积极培育和践行社会主义核心价值观（富强、民主、文明、和谐，自由、平等、公正、法治，爱国、敬业、诚信、友善），秉承"责任、安全、创新、协同"的核心价值观，以卓越的目标为导向，不断超越自我。四是"规模化、标准化、国际化"，就是要高质量推进产业、资产、市场、人才和效益规模协同发展，深入推进各业务与职能领域技术、管理和工作的标准化，积极开拓国际市场，培育国际业务，打造国际化一流核能企业。五是"创造企业价值、创造股东利润、创造员工幸福、创造社会财富"，把满足或超越公司各利益相关方的需求和关切作为评判经营成效的重要准则，履行国有企业保值增值的职责，追求公司可持续、包容性发展。

三、信赖源自对"国家名片"的悉心守护

随着"一带一路"倡议的深入推进、亚投行的成立和运作，基础设施的互联互通越来越受到重视。以"核电""高铁"为代表的高端制造业已经成为走向世界的中国"国家名片"。核电发展正在以前所未有的速度和良好的态势不断刷新人们的认知。国家领导人亲自作为"金牌推销员"把核电这张国家名片一次次传递，推动我国的核电产业走入更为广阔的国际市场，为当地民众带去中国制造的核电产品。中共中央总书记、国家主席、中央军委主席习近平于2015年10月在就中英关系、两国金融合作、中国经济形势等问题回答记者提问时明确指出，"中国已经成为世界制造业大国，突出优势是处于全球产业链中游，高铁、核电、汽车等一大批产业和装备处于国际先进水平，性价比好，符合很多国家需求和承接能力。中国愿同包括英国在内的各国开展多种形式的国际产能和装备制造合作，把各自比较优势衔接起来，实现联动发展。"[1]

为了更好地守护核电这一"国家名片"，核电企业需要不断变革创新，有效解决核电工程安全性、先进性、成熟性和经济性等一系列难题，带动和促进核电装备制造业的能力提升，奠定我国"走出去"的战略基础。

---

[1] 出自《习主席的访英专机上都有哪些商界精英》。

第二章 基因解析：探索核电社会责任管理内在逻辑

"华龙一号"是中核集团和中广核集团在我国30余年核电科研、设计、制造、建设和运行经验的基础上，充分借鉴国际三代核电技术的先进理念，采用国际最高安全标准研发设计的三代核电机型。2015年5月7日，中国核电所属福清核电5号机组核岛浇筑第一罐混凝土，标志着中国自主三代核电技术"华龙一号"的全球首堆工程正式开工。"华龙一号"凝聚了中国核电建设者的智慧和心血，实现了先进性和成熟性的统一、安全性和经济性的平衡、能动与非能动的结合，具备国际竞争比较优势，标志着中国从核大国向核强国的迈进。一是先进性和成熟性的统一。"华龙一号"以"177组燃料组件堆芯""多重冗余的安全系统"和"能动与非能动相结合的安全措施"为主要技术特征，采用世界最高安全要求和最新技术标准，满足国际原子能机构的安全要求，满足美国、欧洲三代技术标准，充分借鉴了包括AP1000、EPR在内的先进核电技术，充分考虑了福岛核事故后国内外的经验反馈，全面落实了核安全监管要求，充分依托业已成熟的我国核电装备制造业体系和能力，采用经验证的成熟技术，实现了集成创新。二是安全性和经济性的平衡。"华龙一号"从顶层设计出发，采取了切实有效的提高安全性的措施，满足中国政府对"十三五"及以后新建核电机组"从设计上实际消除大量放射性物质释放的可能性"的2020年远景目标，完全具备应对类似福岛核事故极端工况的能力；"华龙一号"首台套国产化率即可达到85%，经济性与当前国际订单最多的俄罗斯核电技术产品相比有竞争力，与当前三代主流机型相比具有明显的经济竞争力。三是能动和非能动的结合。"华龙一号"在能动安全的基础上采取了有效的非能动安全措施，以可有效应对动力源丧失的非能动安全系统作为经过工程验证、高效、成熟、可靠的能动安全系统的补充，提供了多样化的手段满足安全要求，是当前核电市场上接受度最高的三代核电机型之一。2021年1月30日，"华龙一号"全球首堆——福清核电5号机组投入商业运行,标志着我国在三代核电技术领域跻身世界前列。

除了技术上的改进创新,对"国家名片"的守护还体现在核电企业要秉持开放发展的态度,主动把握发展机遇,积极发挥产业优势、持续深化国际合作,推动核电"走出去"。为此,中国核电重视与巴基斯坦、沙特阿拉伯、保加利亚、白罗斯、孟加拉国等国家进行深入交流,并与加拿大、捷克、韩国、阿根廷等国建立起稳定的合作关系。2018年6月8日,在中国国家主席习近平和俄罗斯国家总统普京的共同见证下,中国核电与俄罗斯原子能建设出口股份有限公司签署《田湾核电站7、8号机组框架合同》和《徐大堡核电站框架合同》两项框架合同。通过项目实施将有力带动双边贸易和产业合作,提升两国务实合作的科技含量和水平,进一步深化双边利益融合[①]。2020年,在巴基斯坦新冠肺炎疫情肆虐的严重冲击下,为全力确保海外"华龙一号"工程建设,中国核电仍派出12批89人次奔赴现场,助力巴基斯坦K2/K3调试项目稳步推进,展现了中国核电一流的核心技术能力和高效的执行力[②]。

四、信赖源自企业实力的坚强保障

持续稳健的发展是赢得公众信赖的重要保障。自1985年建设中国首座自主设计建造和管理运营的核电站,即被誉为"国之光荣"的秦山核电站以来,经过30多年的发展,中国核电已成为我国装机容量最大、堆型品种最丰富、装机数量最多的核电基地。以秦山核电作为起点,经过30多年的发展壮大,一代代核电人接力,陆续建设了田湾、福清、三门、海南等多个核电基地。

---

① 出自《中俄签署最大核电合作项目,合同金额逾200亿元》。
② 出自《中国核能电力股份有限公司2020年社会责任报告》。

2015年，中国核电成了国内A股首家纯核电上市公司。截至2021年3月31日，公司共参控股子公司（含合营公司）有39家。核电控股在运机组装机容量为2139.1万千瓦，新能源控股在运装机容量为571.694万千瓦[1]。公司连续多年荣获"WANO核能卓越奖""中国证券'金紫荆'奖""金圆桌奖""金蜜蜂优秀企业社会责任报告·长青奖""全国企业文化最佳实践企业"等多项荣誉称号，入选"中国品牌发展指数"百强榜。每一项荣誉的获得都是公众对中国核电实力的强有力认同。

第二节　源于公众期望，对每一个利益相关方负责

对核电企业来说，公众的期望和诉求是公司推进社会责任管理的前提和基础。只有真正了解公众对核电发展的期望，将对每一个利益相关方负责的管理思想纳入公司运营管理策略，才能最终实现企业与社会的共同可持续发展。

一、从"零"开始的公众沟通

尽管我国核电事业一直在持续发展，方兴未艾，但由于沟通不充分、信息不对称、不透明，公众对于核电的疑虑一直未曾消除。总结起来，核电公众沟通大致经历了三个主要阶段。

阶段一：60多年前——"零"公众沟通时代。

60多年前，我国核工业刚刚起步，核项目属于绝对的国家机密，

---

[1] 出自《中国核电2021年一季度发电量完成情况公告》。

中国核电：公众沟通驱动型社会责任管理

甚至工作人员的家人都不知道对方的工作到底是什么。

以"两弹元勋"邓稼先为例，接到国家交付的任务后，邓稼先就开始消失在亲戚朋友的视线里，开始了长达28年隐姓埋名的生活。他的妻子都不知道他在哪里工作、每天在做什么，他也不能告诉妻子。

在那个时代，核工业是神秘而不为人知的，因为时代的原因，也就不能做什么公众沟通，可以称为公众沟通的"零"时代。

阶段二：30多年前——"半推半就"的公众沟通。

20世纪80年代，随着原子能军转民用，原来只能用作核武器的核能开始用来发电。随着秦山和大亚湾核电的开工建设，核电项目第一次公开走进了民众视野，位于杭州湾畔的海盐人都知道国家要在家乡建一个大工程，很自豪。中国核电人首次从封闭的环境中走出来，开始了和民众最初的沟通。

当时，核电项目是否上马主要还是国家意志说了算，普通公众影响力不大。这个时代，堪称是"半推半就"的公众沟通时代。

阶段三：当前及未来——开启公众沟通时代。

进入21世纪，随着我国能源结构调整步伐的加快，作为清洁能源重要成员的核电也迎来了大发展的历史机遇。但日本福岛核事故以后，由于公众沟通的不充分，不少核相关项目遭遇了因为"不要建在我家附近"的"邻避效应"引发的群体事件，多个项目被迫搁置。群众反对意见主要集中在该项目的安全性和环保影响上。这从侧面体现出公众在核电发展中的影响力正逐渐增强，也反映出公众对重大项目知情权、参与权和监督权的强烈诉求，揭示出核电或涉核企业在社会管理和公众沟通方面还有很多工作要做。

如何将核电可能遭遇的"邻避效应"转化成合作共赢的"迎臂效应"？如何破解这个难题呢？经过正反两方面的经验和教训，中国核电越来越深刻地认识到，虽说核电公司仍是典型的B2B企业，在目前核电管理体制下,核电建设、运行全过程都需要相关部委的支持,做好与政府的沟通仍然重要。然而,伴随社会进步,核电的发展需要公众的支持和信任已经是不可抗拒的时代潮流。因此,必须以更透明、更开放的方式,顺应大势,加强与包括普通公众在内的所有相关方的全方位沟通,实现公众沟通从 B2B 沟通到 B2C 沟通的扩展。

二、从 B2B 沟通转向 B2C 沟通

相对于 B2B 的沟通模式,核电公众沟通从主要与政府、监管机构及合作伙伴之间的沟通转向与更广泛的利益相关方群体 B2C 沟通模式。这种沟通就是要保障以公众为核心的更多利益相关方的知情权、监督权、参与权,并最终达成共识,实现共赢,如图 2-2 所示。

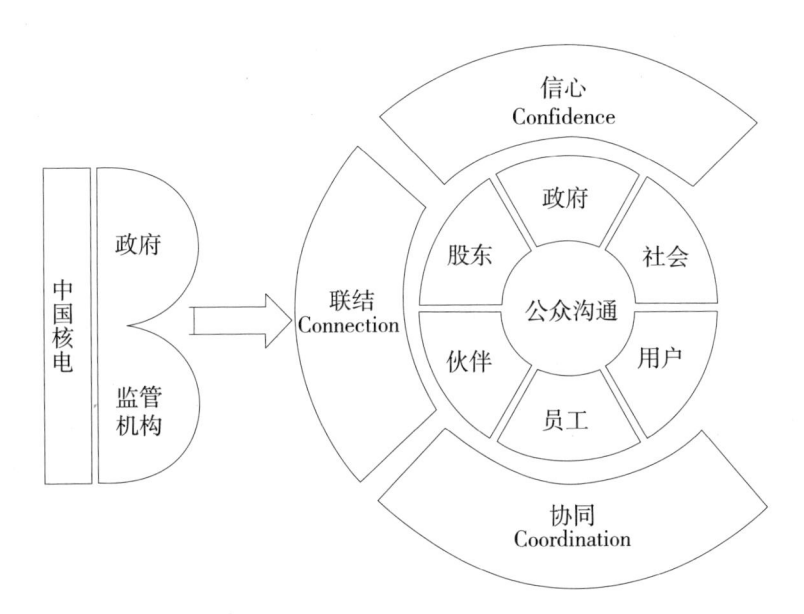

图 2-2 从 B2B 通向 B2C 的公众沟通[1]

---

[1] 出自《中国核能电力股份有限公司公众沟通白皮书》。

B2C沟通是以社会责任管理思路来开展沟通，从核电项目全生命周期中，充分考虑政府、社会、用户、员工、伙伴、股东等利益相关方的诉求和期望，以更透明、更开放的方式，加强与利益相关方的全方位交流互动，为核电健康、持续发展共创良好的环境。这里的"C"，一般意义上指的是客户（Customer），在这里泛指政府、社会、用户、员工、伙伴、股东等不同的公众群体。

B2C的公众沟通模式要求中国核电主动识别业务运营可能影响或受其影响的利益相关方，深入了解利益相关方的期望和诉求，不断创新利益相关方沟通方式，回应利益相关方关切。显而易见，这种沟通不再是单项的，而是多向的、互动的、平等的。它的意义在于，通过对沟通的语言、形式、内容不断变革，不仅让公众对中国核电的事业实现与时俱进的、更科学的认知、监督和参与，进而产生高度共鸣，形成积极的舆论氛围，有助于企业及行业的发展环境，而且最终这种来自各方的监督和督促也能够给企业自身带来有效的反馈，提升企业的管理和实践绩效。

三、创新3C沟通管理

中国核电确定了B2C沟通理念体系，从企业的理念、战略和实践上作出相应的改变，以一整套全新的沟通体系来推动企业的发展，这就是3C：Confidence（信心）、Connection（联结）、Coordination（协同），如图2-3所示。

图 2-3 3C 的含义

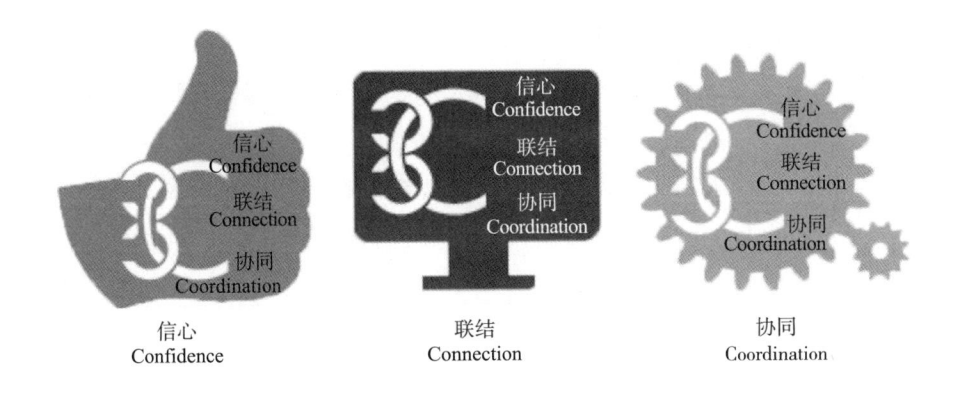

信心，即用企业的硬实力保障核电卓越的安全业绩，通过安全可靠的运行、公开透明的运营，筑牢公众的信任之桥。这是保障利益相关方知情、监督、参与核电事业的前提和基础。扎实的责任实践带来坚定的信心和透明经营的底气，更带来大步迈进我国核电事业的决心和毅力。这方面的实践包括对安全、环保及其他相关技术的极致追求，对安全环保管理的有效监管，以及引领整个核电工业开拓创新、缓解能源危机、助力实现美丽中国梦的实现。

联结，即以开放、透明的态度，拓宽信息沟通渠道，将深奥的核电知识转变为公众易于理解的内容，展示核电魅力，邀请公众亲身感受核电的魅力，努力提高社会公众对核电的认同感和接受度。这是实现利益相关方知情权和监督权的手段，有助于利益相关方参与到企业经营之中。沟通理念的转变、沟通工作本身的专业化与多元化、从公众出发的沟通服务意识与服务能力的提升，是真正让安全、安心核电联结公众、抵达公众的要义所在。这要求企业在管理组织搭建、管理体系形成、考核机制及发展机制的制订当中有新的考量。

协同，即积极联合政府部门、核电企业、行业协会、媒体等多方力量，创新工作理念，改进工作方法，持续探索新的工作方式和业务流程，共同打造核电持续健康发展的美好未来。在社会大环境背景下，核电的公众沟通本身事关公共利益，事关国家能源发展大计，也事关地方经济发展大计，协同之策不仅能集结更多有效的力量，形成责任同盟、利益同盟，也能够更大程度发挥各自的优势。在沟通模式上展开创新探索，为企业自身的公众沟通开辟新的局面，更为整个核电产业的发展带来助力。在实践中，这种来自利益相关方的协同，本身就是一种利益相关方参与企业管理运营的方式，有助于企业在识别、满足不同利益相关方群体或者公众群体的需求，也有助于提高沟通本身的权威性、专业性与整体质量。

中国核电认为，B2C 沟通模式并不是简单地将信息单向地传递给公众，而是需要一整套与之相适应的、能将其支撑起来的沟通体系，提高包括管理层、员工在内的责任意识和责任沟通能力，提高以安全为核心的企业可持续的经营管理实力，让公众在沟通中增进对核电的知情权，形成全面、科学的认知，了解中国核电以安全为核心的企业文化发展历程，实现对核电的监督权。利益相关方能够了解核电在环境保护、安全健康等各方面的信息透明渠道，有效地督促核电的建设落地及运营，拥有对核电的参与权，从自身的诉求出发，为核电发展在沟通、管理、品牌建设等各个领域建言献策，积极地、理性地、有序地参与到核电发展事业当中。如此，让沟通不再流于形式，而是切实落地。

在 3C 理念的基础上，中国核电还明确了 3C 的宗旨、目标，这是 3C 得以达成的指导思路。

3C 沟通以"你对核电的疑问，就是我们的责任"为宗旨，为整个沟通工作奠定了思想基调，以服务公众的角度明确指出企业责任在于释疑、消疑，而这种看得见的释疑、消疑责任之前提是需要持续化、系统化、规范化的责任实践，其内容则是要把公众以往理解不了、看不见、摸不着的负责任核电变得可理解、可触及、可接受。

3C沟通以"真诚沟通交流、相知相伴永远"为目标，明确企业的沟通态度——真诚、相知、相伴，即企业将致力于用创新的方式无限接近公众的内心，并且这种沟通不是一时之策，而是企业日常运营的一部分。这意味着企业将公众作为永久的利益相关方，而利益相关方对企业的认可度、响应度与品牌声誉紧密相连，这种反馈与随之而来的积极效应将成为塑造品牌形象的一部分。

四、以公众沟通有效识别公众期望与诉求

沟通是人与人、人与群体、群体与群体之间思想与感情的传递和反馈过程，以求思想共鸣、情感互融、行为一致。核电企业的运营管理不仅受到各级政府、监管机构的重视，而且合作伙伴、媒体、公众等相关方对核电站选址、设计、建设、调试、运行等工作的关注度也日渐增高。维护公众在重大项目中的知情权、参与权和监督权已成为核电项目能否落地的决定性因素之一。

公众对核电企业的关注重点往往聚焦于核电建设运行的安全、辐射影响、环境效益及土地占用与拆迁补偿等议题。尤其是福岛核泄漏发生后，基于核泄漏带来的巨大隐患，安全性前所未有地成了全球核电工业最关注的一点，而公众对核电工业信息沟通的诉求也体现在监督、推动甚至参与到核电企业在核电站建设、运营过程中，要求增强对核电建设运营安全管理的透明与公开。根据国家有关规定，核电企业需要主动公开项目建设情况和机组运行情况。涉及安全运行事件，若初步判断属于一级及以上事件，需公开事件发生的时间、简要经过、发生原因（如未查明可不公开）、已造成或可能造成的影响（对机组安全运行、环境、工作人员和公众等）和采取的处理措施。对于未处理完毕的事件，应发布后续报告，及时公开事件动态、处理进展等信息，直至处理完毕。事件处理完毕后15个工作日内应公开最终确定的事件影响、事件

原因、处理结果和改进措施等。

当下，我国公众的"核邻避"态度依然在一定程度上影响着核电发展的速度。居民担心核电厂建设项目对身体健康、环境质量和资产价值等带来诸多负面影响，对核电站放射性流出物、核电站周围环境辐射监测情况等特别关注。核电企业需要定期公示、披露核电站放射性流出物排放量设计值、控制值、批复限值及实际排放值；每日公开一次核电站周围环境辐射监测情况，公开内容包括监测内容、监测单位、监测方式、监测数据结果及质量保证，并说明与国家和国际相关标准的对比情况。

核电作为确保国家能源战略安全的重要举措，其实现节能减排、保护生态环境、改善空气质量的价值是公众的关注重点。核电企业需要定期公开披露自身依托清洁能源发电优势，对于减少标准煤燃烧、温室气体二氧化碳、有害气体二氧化硫等的排放价值和成效。中国核电每年都会通过安全生产年报、社会责任报告、ESG 报告等载体向公众公开披露环境履责成效。

第三节　行于公众参与，发挥更多利益相关方的作用

与传统管理以内部利益相关方如股东和员工为中心、追求相关人财物等资源最大效用的发挥不同，企业社会责任管理更加旗帜鲜明地发挥了更多外部利益相关方的作用，尽可能通过沟通和更加透明的方式取得利益相关方的认知、认同，以及对企业经济、环境和社会综合目标实现的参与，发挥出内外部利益相关方及其相关资源对企业综合目标的实际效用。对于核电企业来说，与公众面对面沟通交流，搭建更多利益相关

方参与的平台和桥梁，是赢得公众对核电理解和支持的前提之一。

一、坚持五大原则，倡导利益相关方参与

核电企业要客观、准确地收集公众意见，掌握公众对核电项目的态度，发现潜在问题，提高环评、稳评工作的科学性和针对性。通过提升公众参与深度，让社会各阶层代表适当、合法地参与核电监督、论证等工作，消除误解，形成积极的社会舆论，督促有关各方做好核安全工作。发动公众参与要坚持五大原则，包括知情、公开、平等、广泛、便利。这五个维度确保不同利益相关方群体在沟通当中的诉求得到充分的回应，这些原则与企业社会责任国际标准中的透明、尊重利益相关方的利益等原则相吻合，有助于利益相关方知情、监督、参与中国核电的日常运营。在公众参与工作中，应科学评估参与前的社会舆论氛围和公众态度，注重参与过程中的舆情风险防控。

一是知情原则。开展公众参与工作前，中国核电会事先做好信息公开和宣传引导，以便公众在知情和理性的基础上提出有效意见，注重提前沟通、增信释疑，避免出现审议中出现较大争议的情况。

二是公开原则。在公众参与的全过程中，保证公众能够及时、全面并真实地了解建设项目的相关情况。

三是平等原则。努力建立利益相关方之间的相互信任，不回避矛盾和冲突，平等交流，充分理解各种不同意见，避免主观和片面。

四是广泛原则。吸引不同社会、文化背景的公众参与进来，在重点征求受建设项目直接影响公众意见的同时，保证其他公众有发表意见的机会，特别是保证持反对意见的公众和弱势群体有发表意见的机会，有针对性地寻找对方信任的人进行专门沟通。

五是便利原则。根据建设项目的性质及所涉及区域公众的特点，选择公众易于获取的信息公开方式和便于公众参与的调查方式。

二、持续拓宽渠道，提升利益相关方参与度

企业开展社会责任管理，发动利益相关方参与是一个从广度和深度上不断演进的过程。中国核电持续拓宽参与渠道，提升公众参与度，如图2-4所示。

从利益相关方参与的广度来看，中国核电通过新闻发布会、信息公开、开放日活动等渠道，从与公众关联最紧密的公共事务工作开始，推动利益相关方参与到公司与投资者、政府、公众的沟通过程中来，到与外界相对紧密的关键职能部门，如采购、人资等部门，再到电站选址建设运营等核心生产经营环节，以致参与公司整体层面的业务运营与决策。公司不断搭建利益相关方参与的渠道和载体，使利益相关方从仅仅了解对外的品牌宣传等信息，到更加融合和理解公司的业务运营，支持公司的决策，在提升利益相关方参与度的同时，也为增进利益相关方对公司的认同奠定坚实基础。

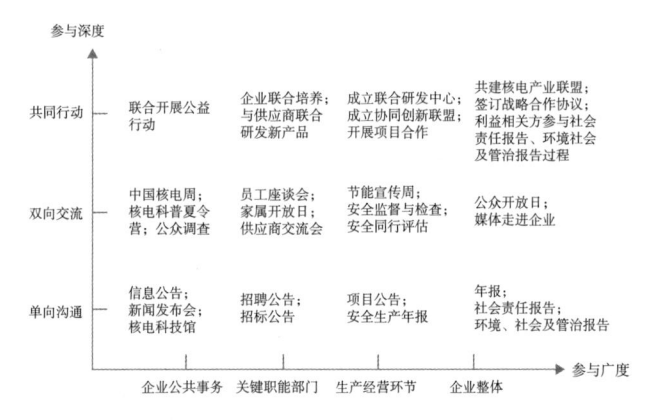

参与深度	企业公共事务	关键职能部门	生产经营环节	企业整体
共同行动	联合开展公益行动	企业联合培养；与供应商联合研发新产品	成立联合研发中心；成立协同创新联盟；开展项目合作	共建核电产业联盟；签订战略合作协议；利益相关方参与社会责任报告、环境社会及管治报告过程
双向交流	中国核电周；核电科普夏令营；公众调查	员工座谈会；家属开放日；供应商交流会	节能宣传周；安全监督与检查；安全同行评估	公众开放日；媒体走进企业
单向沟通	信息公告；新闻发布会；核电科技馆	招聘公告；招标公告	项目公告；安全生产年报	年报；社会责任报告；环境、社会及管治报告

图2-4 中国核电利益相关方参与渠道[1]

---

[1] 图2-4为参考相关资料绘制。参考来源：《企业社会责任管理：解码责任竞争力》，殷格非著，中国三峡出版社，2018年4月第1版。

从利益相关方参与的深度来看，从单向的新闻发布、信息公告、报告发布，利益相关方被动接受信息，到核电周、夏令营、开放日、联合开展活动等，公司搭建起与利益相关方双向沟通交流的平台，推动利益相关方更多参与公司的运营管理，为公司的运营管理出谋划策，与公司形成共同经营管理的和谐共进局面。

总体来看，中国核电利益相关方参与渠道主要包括信息沟通、活动参与、对话研讨、共同行动四大类型。

一是信息沟通，通过微博、微信、微视、官网等不同渠道，将核电项目的进展、电站发电量、电站环境影响等信息告知利益相关方，在增进理解和支持的同时，接受社会公众的监督。

二是活动参与，定期开展魅力之光核电科普活动、公众开放日、家属开放日等活动，搭建交流的平台，使沟通更加顺畅，接受公众和相关方的意见、建议更为便利。

三是对话研讨，围绕核电选址、建设、运行的关键技术与管理策略，与政府、伙伴、同行等相关方共同研讨，激发各方对核电站运营管理的更多参与度，共同商定核电站建设运行的标准、规范等。

四是共同行动，通过设立联合研发中心、建设核电产业联盟、签订战略合作协议等形式，形成"命运共同体"，与相关方共同努力，寻求更好的解决方案，实现共赢。

第四节　成于公众认同，共同塑造核电"国家名片"

品牌作为企业产品、服务及文化价值的一种社会认知，是企业综合实力、持续竞争力的重要体现，它在一定程度上能够体现出包括公众在内的利益相关方对公司履责理念与行为的认同度。

中国核电履行社会责任的最终目标就是要增强公众对公司工作的理解和认同，共同打造核电"国家名片"。这就需要公司以切实有效的履责实践，不断深化公司在利益相关方中负责任的品牌形象，推动公众与公司一起，合力塑造核电"国家名片"。

一、中国核电的品牌发展历程

1. 1985—2008 年：品牌积淀期

1985 年 3 月 20 日，我国大陆第一座核电站——秦山核电站 30 万千瓦核电机组开工建设，实现我国大陆核电"零的突破"，被誉为"国之光荣"，秦山核电创造了中国大陆唯一具有自主知识产权的核电品牌。20 世纪 90 年代至 21 世纪初，秦山二核、秦山三核、田湾核电、福清核电、三门核电等相继成立，历经艰苦奋斗的建设期、精益求精的运行期和追求卓越的发展期，逐步积淀了中国核电深厚的品牌底蕴。

2. 2008—2015 年：品牌成长期

2008 年 1 月，中国核电成立，并于 2011 年 12 月转制为股份公司，海南核电开工建设，桃花江核电、辽宁核电、漳州核电、河北核电等相继成立，呈现百花齐放的核电发展态势。至 2015 年 6 月中国核电成功上市前夕，已建立了完善的新闻发言人制度，提出了"总部统筹、上下联动、专业支持"的宣传文化一体化工作机制，建立了新闻宣传及公众沟通、企业文化、品牌建设、社会责任、舆论引导等系统化制度体系，为中国核电的品牌发展营造了良好的环境。

3. 2015 年至未来：品牌发展期

2015 年 5 月，"华龙一号"示范工程首堆示范工程落地福建福清，作为中国核电三代技术的开篇巨作，"华龙一号"是我国自主研发的先进百万千瓦级压水堆核电技术,具有完全自主知识产权。2015年6月,公司成功登陆A股市场,公司发展和品牌建设迈上新起点。公司明确提出实施"企业文化落地、社会责任践行、品牌传播推广"三大工程,制订和发布"十三五"公司企业文化、社会责任、品牌传播的专项规划,将企业的舆论引导和品牌管理列入了重要议事日程。

2017年,中国核电正式成立宣传文化中心,专门负责统筹核电板块的宣传文化和品牌建设业务,全面融入企业"规模化、标准化、国际化"发展战略,进一步践行"责任、安全、创新、协同"的企业核心价值观,追求"做最具魅力的国际一流核能企业"的奋斗目标,全方位打造"魅力核电、美丽中国"的上市核电龙头企业的品牌形象。

2019年1月,中核集团公司党组在两核重组后发布了新版企业文化理念,赋予了中国核电发展成为全球核电/核能安全运行的引领者和2035年前进入世界500强行列的新任务、新目标,并提出企业文化建设的新期望和新要求,这是中国核电完善企业文化和品牌发展的新机遇期。

二、以合力打造核电"国家名片"为目标,增强公众认同

品牌作为企业重要的无形资产,是服务、保障和支撑企业创新发展的重要力量。随着利益相关方对企业业务运营与管理的关注面、关注程度越来越高,企业品牌形象逐渐变得立体与多维,利益相关方对企业的认识已经不仅局限于企业的产品品牌、雇主品牌、供应商品牌,而是要综合多个品牌维度以确定对公司的认同度。而"国家名片"是中国对外展现国家形象的重要载体,是企业可持续品牌发展的国家级荣誉。

发展清洁能源是改善中国能源结构、治理大气污染、保障能源安全的关键举措,也代表着中国"走出去"的国际形象。当前,构建"清洁低碳、安全高效"现代能源体系及2030年前实现"碳达峰"、2060

中国核电：公众沟通驱动型社会责任管理

年前实现"碳中和"目标是我国在新形势下的基本能源政策，清洁低碳能源将成为增量主体。作为关系国家能源安全和国民经济命脉的特大型清洁能源企业，中国核电加快构建"清洁低碳、安全高效"的现代能源体系，加强核电标准化、专业化、集约化管理，提升风电、太阳能等新能源运营管理水平，推动清洁、安全、创新的能源产业发展，是助力打造"国家名片"的有效手段。

中国核电以满足多个利益相关方的期望为目标，发挥利益相关方导向作用，内塑管理、外塑形象，以一个创新、负责、崭新的企业品牌形象站在利益相关方面前，消除民众恐核、厌核的心理，塑造阳光、正面的品牌形象；提升企业品牌的影响力，提高企业的质量效益和国际竞争力。

企业品牌形象的树立不仅来自一个耳熟能详的品牌标语，或是一个充满创意的视觉海报，而是通过品牌与利益相关方的互动过程中无数个品牌接触点所感知界定的。中国核电认为，只有将品牌的理念和要求与企业主营业务相融合，通过品牌化开展主营业务，在各个品牌接触点时刻关注并着力改善不同利益相关方的体验与感受，持续提升管理水平和业务表现，努力让企业品牌更加立体与丰富，才能最终增进利益相关方对公司工作的理解和认同，不断提升企业可持续发展的生命力，推动核电发展成为真正的"国家名片"。

第三章

路径实践：
推进核电社会责任管理落地实施

第三章 路径实践：推进核电社会责任管理落地实施

中国核电公众沟通驱动型社会责任管理就是要基于公众沟通，将社会责任理念融入企业运营之中，融入每个员工的日常工作，直至融入公司文化、公司使命和核心价值观中，实现企业可持续发展。为此，中国核电从公众诉求出发，找准社会责任管理目标，对内建立以核安全为根基的卓越文化体系，推进社会责任理念融入业务运营，对外建设可持续品牌形象，以系统、规范的管理机制，实现社会责任理念的全面融入和落地。

第一节 以安全责任为起点，构建以安全为根基的卓越责任文化体系

安全是以公众为核心的利益相关方的核心诉求，也是其最基本的期望、首要的共同利益、诉求的最大公约数。在核电产业的发展过程中，中国核电传承和弘扬核工业的优良传统，培育形成以核安全文化为核心的核电企业文化，将社会责任理念融入企业文化建设过程中，推动全员在核电工程建设和运营实践中理解并践行社会责任理念，以文化为指引、以负责任为标准，让更多利益相关方通过对中国核电企业文化的感知、中国核电人负责任实践的认知，增进对中国核电的信任，并愿意与其共同参与核电事业发展。

一、以人人都是一道安全责任的屏障，构建卓越安全文化

安全是核电的生命线。国家对核电安全和发展的态度十分严肃和慎重，要求坚持"安全、高效发展核电"的发展方针。中国核电将核安

全文化视为企业文化的灵魂内核，坚持核安全第一，逐步形成以核安全为根基的卓越文化体系。

建立完善、卓越的核安全文化原则。2006年，世界核电运营者协会（WANO）正式发布《卓越核安全文化的八大原则》，提炼出核安全文化建设的原则和要点，并在全球各成员单位间推广实施，为全世界核电行业创建公开讨论和持续提升安全文化的框架。在借鉴国际核安全文化建设理念和评估方法的基础上，中国核电于2010年高度整合各地核电站及其核电公司的安全文化，形成中国核电特有的核安全文化评估体系，基本实现了核安全文化的可评、可测和可知。从2011年起，持续升级为《卓越核安全文化的十大原则》，从个人、领导、组织三个层面明确核安全文化要求，如图3-1所示。核安全是集体责任。核安全文化理念适用于核电厂的每一个员工，从核电厂的董事会到各级人员，在承担核安全高于一切的责任上，组织里没有人可以豁免。对个人和组织的业绩可以进行监测和趋势分析，因此，业绩也可以作为考量组织安全文化健康与否的一项指标。同时，核安全文化是一种领导责任。经验表明，在拥有健康、安全文化的组织中，领导们可以持续培育安全文化。卓越核安全文化的原则融入了WANO健康核安全文化的特征，充分结合《核安全文化政策声明》，增加了沟通、公众关系等原则，补充了237条行为示例，阐述如何践行核安全文化。

推进核安全文化一体化建设。持续组织员工学习《中国核电卓越核安全文化的十大原则》《中国核电核安全文化建设历程》等，提高员工核安全文化意识；不断推进《中国核电核安全文化建设推进工作计划》，有效推动核安全文化融入公司日常运营；管理层讲授核安全文化课程；组织核安全文化知识竞赛和核安全文化培训班等核安全文化学习宣贯活动，营造安全的文化氛围。每日发布一条安全信息活动、制作事件时钟，时时提醒员工，将安全文化融入科研、生产、经营各项活动；

第三章 路径实践：推进核电社会责任管理落地实施

组织运行核电厂代表赴日本福岛开展核安全文化警示教育活动，强化员工的安全意识和自律意识。

图 3-1 卓越核安全文化的十大原则

注重防人因管理。让核安全文化适用于公司的每一名员工，使"核安全优于一切"成为公司上下共同的承诺。开发防人因失误工具①，避免或减少人因失误。中国核电在总结诸多防人因失误工具的基础上，提出了自我检查、监护、独立验证、三向交流、使用遵守程序、工前会、工后会、质疑的态度、不确定时暂停、工作交接、观察指导 11 个被核电界广泛认可和应用的工具。凡是与核安全直接相关的工作必须使用防人因失误工具。推广防人因失误工具的关键在管理层，管理层要从自身做起，坚持使用防人因失误工具，树立模范作用；要充分利用观察指导进行现场示范，向员工讲解如何使用防人因失误工具。

开展核安全文化建设评估。为监测核安全文化的健康状况，中国核电建立核安全文化评估制度，以《卓越核安全文化的十大原则》作为

---

① 防人因失误工具是指能预防人因失误的个体或集体的行为方式、工作方式或思维方式。

标准，通过现场评估、问卷调查等方式，由中国核电、核能协会及各核电厂组织开展对核电厂、协作单位等的核安全文化专项评估，促进核电厂、协作单位等改进核安全文化建设方面的不足；组织召开核安全文化建设工作交流研讨会，对核安全文化评估中存在的弱项进行分析，确定未来的评估计划和后续改进方向。2019年，公司首次将核安全文化问卷调查延伸至主要协作单位，在促进核电厂核安全文化建设的同时，也为其他公司开展协作单位的核安全文化评估提供范例。2020年，公司建立核电企业文化标准化评估体系，并将其拓展应用到公司旗下所有核电厂及成员公司。

二、以卓越文化体系统一全员对社会责任的理解和认识

中国核电特别注重负责任的企业文化建设，将其作为践行"国之重器"时代重任、承担历史发展使命的重要支撑。在传承卓越基因的同时，中国核电引领本部和各成员公司的文化发展，全面深化企业文化融合和建设。2012年，中国核电首次发布《中国核电企业文化手册》，提炼形成以"追求卓越、挑战自我"为核心的企业文化理念体系，将社会责任理念融入公司的企业文化，使对责任的担当、对可持续价值的追求成为企业经营的信条、员工行为的准则。2015年，将其升级为《中国核电卓越文化体系》；2019年，优化升级了中国核电卓越文化的发展脉络和价值构成的逻辑表达模型——卓越文化树，如图3-2所示。

第三章 路径实践：推进核电社会责任管理落地实施

6 果实
以"国际一流"为目标

5 枝叶
以子公司文化为特色

4 主干
以追求卓越为导向

3 根系
以核安全文化为根本

2 养分
以核工业文化为源泉

1 土壤
以中国特色社会主义文化为基础

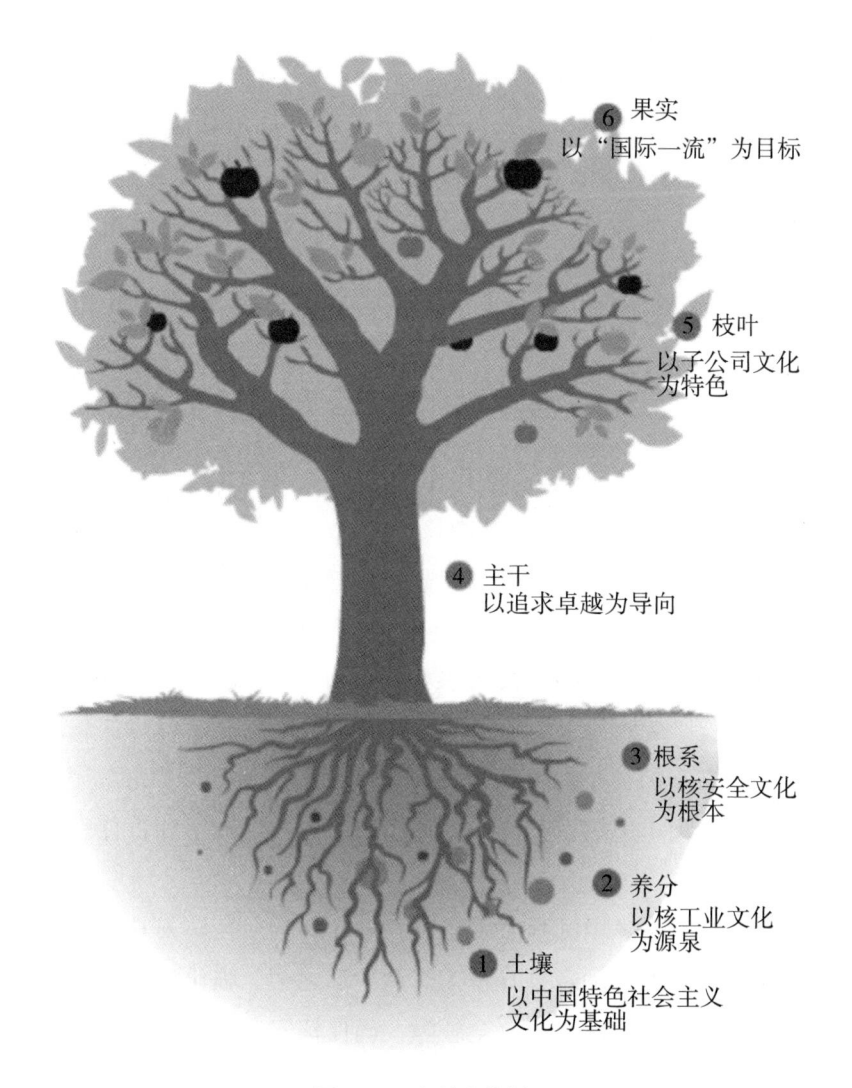

图 3-2 卓越文化树

以中国特色社会主义文化为基础，形成卓越文化树根深叶茂的"土壤"。中国核电不断汲取中国特色社会责任文化的营养，深入践行社会主义核心价值观，推动中华优秀传统文化创造性转化、创新性发

53

展，继承革命文化，培育形成自身的卓越文化，助力发展社会主义先进文化。

以核工业文化为源泉，提供卓越文化树保持茁壮成长的"养分"。在我国核工业60多年的发展进程中形成的优良传统，深深滋养和教育了一代代核电人的成长，中国核电人是"两弹一星"精神和"四个一切"核工业精神的光荣继承者和坚定发扬者。"两弹一星"精神和"四个一切"核工业精神是3C理念之"信心"来源，是让中国核电的卓越文化之树根深叶茂的基础，是达成中国核电追求卓越、成为具有国际竞争力企业的根基。

以核安全文化为根本，将其作为卓越文化之树屹立不倒的"根系"。来自公众沟通中核心诉求的核安全，既是中国核电构筑整个企业文化体系的源动力，也是其基石，是中国核电企业文化的灵魂和内核。为此，中国核电以"强核强国、造福人类"作为企业使命，始终坚持"在确保安全的基础上高效发展核电"的方针，确保核电站安全、稳定、高效运行，为社会提供优质、可靠的能源。树立了"安全是事业的生命线、安全是企业的生存线、安全是员工的幸福线"的安全理念，即中国核电时刻牢记核安全高于一切，用高度的使命感和责任心对待核安全，始终坚持"安全第一，质量第一"的方针，确保环境安全、公众健康、社会和谐。中国核电人牢固树立和自觉践行核安全理念，将核安全理念融入血液并体现在日常工作和生活之中，强化防人因失误工具的使用，人人都是最后一道安全屏障，确保核安全万无一失。

以追求卓越为导向，形成卓越文化树的"主干"。中国核电从无到有，从弱到强，是无数核电人团结奋斗的结果，在公司的改革、发展、创新的历程中，处处体现着高度责任心和追求卓越的价值导向。新时期，公司在文化建设中倡导永不自满、持续创新、追求卓越，激励全体中国核电人不断超越自我。

第三章　路径实践：推进核电社会责任管理落地实施

作为一个不断发展壮大的核电企业，中国核电在全国各地建设了核电站与子公司。中国核电认为，子公司的文化特色正是卓越文化之树吸收阳光的"枝叶"。一方水土养育一方人，各成员公司在培育企业文化的同时，既要融入地方文化中，汲取有益的营养，又要在中国核电统一的卓越文化体系中找准自己践行"最速曲线"的路径，向着一个共同的方向迈进，打造在统一的核心价值观基础上各具特色、百花齐放的企业文化。在此过程中，不仅要实现各子公司的高质量发展，更倡导与地方发展的和谐统一、可持续发展。

以"国际一流"为目标，结成卓越文化树培育生长的累累"硕果"。"国际核科技发展的引领者"的公司愿景，是引导和激发中国核电人努力奋斗的动力之源，更是企业文化建设的根本目标和方向。中国核电树立核电安全运行的业绩标杆，打造值得信赖的高素质团队，发挥在世界核电领域的影响力，以一流的运行业绩、高标准的技术与人才输出，创建社会公众广泛认知、认可的核电品牌，展现中国核电安全高效、清洁环保、勇担责任的企业魅力。

"十年树木，百年树人。"卓越文化是全体中国核电人的文化，只有将卓越文化根植于广大中国核电人的内心，体现到公司管理、制度、行为的方方面面，做到知行合一，才能发挥文化引领科学发展的强大动力。中国核电不断建立和完善卓越文化体系，实施卓越绩效管理模式，定期开展评价与诊断，持续改进，为卓越文化树的茁壮成长提供良好的养护，为中国核电的发展提供强劲的文化力，这是对 B2C 公众沟通形势下公众利益与公众诉求的响应和落实，也为新时代下推进社会责任管理提供了重要的思想基础。

第二节 科学识别公众诉求，明确社会责任核心议题和管理目标

经过多年的创新探索，中国核电认识到如何看待和认识核电、如何推动核电的科学发展、全球核电将发展到何种程度，都在引起公众的关注和重视。因此，公司不断从企业、行业、产业等多个层面着力搭建信息透明、公开的平台，改善整个产业链在公众沟通方面的责任意识与履责能力，识别以公众为核心的利益相关方的期望和诉求，并依此确立社会责任核心议题和管理目标。

一、明确公众沟通对象

核电的公众沟通主要涉及厂址范围内可能受项目建设、运行直接或间接影响的公众，特别是关注规划限制区范围内利益相关方的公众，包括政府部门、意见领袖、厂址周边的普通居民、媒体等。除此之外，核电企业的发展和影响还与公司股东、监管机制、合作伙伴及员工密切相关。

根据受众和利益诉求程度分为四类，包括影响力大、利益诉求强的核心利益相关方；影响力大、利益诉求弱的重点利益相关方；影响力弱、利益诉求强的次重点利益相关方；影响力弱、利益诉求弱的非重点利益相关方。不同类别的公众因与核电发展的影响关联程度不同，其对公司的诉求和期望有所不同，如表3-1所示。

影响力大、利益诉求强的为核心利益相关方，主要包括四类人群，一是党政机关，尤其是项目所在地的政府部门，其掌握决策权，是核电项目落地的重要前置条件，主要关注项目的安全性、经济性和社会效

益；二是市人大代表、政协委员及省人大代表（视项目情况决定是否涉及），他们对重大项目建设具有社会导向作用，在领导的决策中具有参谋作用，主要关注项目的安全性；三是市委宣传部、网监部门、发改委、环保局、国土局、林业局、海洋局、交通局、教育局、城建局、核电办等相关监管部门，关系到各项具体工作的开展；四是公司的股东与投资者，他们特别强调企业发展的业绩回报、经济效益。

影响力大、利益诉求弱的为重点利益相关方，主要包括意见领袖，如媒体记者、医生、教师、知识分子、企业家等，是影响核电发展的重要中间环节。

影响力弱、利益诉求强的为次重点利益相关方，主要包括厂址30千米内（尤其是5千米内）的普通居民及学生等，是数量最为庞大的公众群体，这类人群主要关注切身利益是否得到满足。另外，企业发展的合作伙伴、员工也有着明确的利益诉求，合作伙伴希望企业能够公开、公正采购，并加强利益合作，员工希望在基本权益得到保障的前提下，能够获得职业成长与发展。

影响力弱、利益诉求弱的为非重点利益相关方，其对核电发展的诉求和期望较弱。

表3-1 中国核电利益相关方分类

类别	利益相关方
影响力大、利益诉求强的核心利益相关方	党政机关，尤其是项目所在地的政府部门；市人大代表、政协委员及省人大代表；市委宣传部、网监部门、发改委、环保局、国土局、林业局、海洋局、交通局、教育局、城建局、核电办等相关监管部门；公司的股东与投资者
影响力大、利益诉求弱的重点利益相关方	意见领袖，如媒体记者、医生、教师、知识分子、企业家等

续表

类别	利益相关方
影响力弱、利益诉求强的次重点利益相关方	厂址30千米内（尤其是5千米内）的普通居民及学生等；合作伙伴；员工
影响力弱、利益诉求弱的非重点利益相关方	厂址30千米外的普通社会公众

二、畅通公众沟通渠道

公众参与贯穿核电厂选址、建造、调试、运行和退役等主要阶段，是公众表达意见的主要渠道。中国核电高度重视并积极配合项目所在地人民政府畅通公众沟通渠道，为项目所在地人民政府开展选址阶段的公众问卷调查、公众沟通座谈会等提供必要的技术支持。

一是开展问卷调查。根据建设项目的具体情况设置调查问卷，充分征求社会各界的意见，并重点关注可能受核电项目建设、运行直接或间接影响的公民、团体和其他组织，了解公众对建设项目所在地现状的看法、公众对建设项目的预期、态度，以及公众对减缓不利影响措施的意见和建议。必要时，还针对特定的问题进行补充调查。同时，允许公众就其感兴趣的个别问题发表看法。调研问卷由地方政府主办、项目公司协办。对于新项目，在正式启动公众沟通工作之前，在当地进行一次问卷调查，结合实际采取集中调查或一对一调查的方式；对于所有项目，在确定环评单位公示后、报告书报送行政主管部门审批或者重新审核前完成问卷调查。

二是开展座谈会。邀请地方政府代表、项目所在公司代表、专家及公众，参会公众不少于 30 人，受建设项目直接或间接影响的公众个人代表比例不少于公众代表人数的 50%，由所在地市政府主办、项目公司协办。根据影响的范围和程度、因素和评价因子等相关情况，合理确定座谈会或者论证会的主要议题，介绍核电项目情况，进行问卷调查情况汇报，回应公众代表的疑虑问题，并对公众疑虑问题进行现场解答。

三是设置信息公开交流渠道。畅通微博、微信、官网等信息公开交流渠道，公众可直接反馈对公司发展、运营管理、社会责任管理等方面的意见和建议，公司做到回应率 100%。

三、规范公众沟通管理

经过多年公众沟通实践，中国核电确立了"总部统筹、整合资源，项目牵引、突出重点，政企合作、协同互动"的公众沟通原则，将开展公众沟通管理的总体目标设定为通过统筹运作、有效沟通，提高公众对核电的认知度和接受度，为核电发展营造良好的舆论氛围和社会环境。

总部统筹、整合资源是指中国核电总部统筹，打破不同成员单位、多利益相关方之间的信息和资源壁垒，协调相关资源，建立统一的人才库、产品库，推进信息、经验的共享与推广，增强合作交流，避免因资源不匹配而导致前期沟通错失良机，并促进经验传承。

项目牵引、突出重点是指以重大项目为牵引和支撑，与项目建设同谋划、同部署公众沟通相关工作。精准分析利益相关方的差异化需求，突出重点人群、重点内容，关注重点需求，针对重点宣传人群制订不同的宣传策略、采用不同的宣传方式，有针对性地解答公众关注的安全性、经济性、拆迁补偿和环境利益等重点问题。

政企合作、协同互动是指加强与国家有关部门、项目所在地各级地方政府的合作，建立信息沟通渠道和工作协调机制，按照"中央督导、地方主导、企业配合、公众参与"的总体原则，推动地方政府重视、加强核电项目前期公众沟通工作,注重满足公众需求,注重与项目周边群众互动。

除此以外,对于新时期的公众沟通,中国核电不仅注重与主流媒体的恳谈互动、引导认同,及时传播中核好声音,同时也积极探索与网络大V、项目所在地意见领袖、新媒体运营者等的互动,采取"请进来""走出去"等方式引导认同。

2015年,中国核电制订了《中国核电公众沟通通用指南》(以下简称《指南》),是核电行业第一本公众沟通通用指南,为各核电厂开展公众宣传、公众参与、信息公开和舆情管理等工作提供指导依据,如图3-3所示。

图3-3 《中国核电公众沟通通用指南》封面

在内容上,《指南》借用成熟的传播学模式,梳理了公众沟通的主要内容,编制了开展工作的标准流程,对"为什么沟通""沟通什么""怎么沟通"提供了切实指导。在形式上,《指南》将核电公众沟通工作资源化、高效化、标准化、品牌化。在效果上,《指南》不仅有效提高了公众沟通的质量和效率,同时,实现了资源共享,通过统筹协调板块资源,集众家之智,形成公众沟通专业人才库和产品库,打破公司间的壁垒,增强横向合作,为核电项目30多年的经验传承和积累,中国核电的公众沟通工作被电力公司总部的同行评估(WANO CPR)评为强项。《指南》成为我国核电业界首部为"公众沟通"量身定做的工作指南,是一本精工细作的指南、一本为保障核电行业更好开展公众沟通工作的操作手册。

四、确定重点履责议题

基于对国家宏观政策研究及自身发展战略规划,以及通过公众沟通了解到的利益相关方关注点,中国核电从"对企业可持续发展的重要性"和"对利益相关方的重要性"两个维度识别公司推进社会责任管理的实质性议题,并依此确定社会责任管理的工作目标,如图3-4和表3-2所示。

议题识别	议题排序	议题审核	持续改进
·社会责任及行业发展趋势 ·公司发展战略规划 ·利益相关方反馈 ·政府要求 ·行业标准	·议题的战略重要性及对公司业务的影响 ·议题的社会趋势及对利益相关方的重要程度	·公司领导层审核 ·各业务部门审核 ·成员单位审核 ·外部专家协作 ·员工意见征集	·持续与利益相关方沟通 ·梳理社会责任议题 ·更新社会责任计划

图3-4　中国核电实质性议题分析流程[①]

---

① 出自《中国核能电力股份有限公司2020年社会责任报告》。

表3-2 中国核电重点履责议题及履责目标

履责主题	重点履责议题	履责目标
安全发展	核安全管理	确保核电机组安全、稳定运行
	核安全文化	提升全员核安全意识和能力
	安全监督与检查	持续提升安全管理水平
绿色发展	发展清洁能源	不断提升核电安全运行效能，助力我国能源转型
	环境影响监测	公开接受社会公众监督
	放射性物质管理	不发生放射性物质超标排放事件
	生物多样性保护	减少项目建设运营对生态环境的影响
产业链协同发展	设备自主化攻关	推动核电行业发展
	产业链发展	与伙伴合作，实现信息、资源共享共建
	国际合作	推动核电"走出去"
贡献社区发展	员工成长与发展	在基本权益得到保障的基础上，为员工提供成长舞台
	精准扶贫	帮助贫困村摘帽脱贫
	支持社区发展	支持带动地方核电相关产业发展

第三节 深化社会责任议题管理，实现多相关方共同参与

公众沟通识别到的利益相关方诉求和期望，是企业在推动社会责任融入运营管理过程中的关键点，是提升公司社会责任管理效益的核心。利益相关方的参与是实现社会责任管理落地的有效保障。

中国核电秉承"责任、安全、创新、协同"的核心价值观，通过公众沟通，找准公司在安全管理、环境管理、经济管理、人文管理等层

面的着力点，在生产运营体系中融入社会责任管理要求，在资产全生命周期管理体系中融合社会责任管理要求，在人力资源管理、企业文化管理、品牌建设管理等职能管理体系中融合社会责任管理要求，推动利益相关方有效参与，联合利益相关方共同探索、共享价值。

一、建立内外安全管理平台，共同守护核电安全

对核电企业来说，核电安全是公众最关注、最敏感的话题。通过公众沟通，中国核电发现，不论对政府、监管机构，还是公众而言，各方非常关注核电企业的安全运营，也愿意发挥各自资源优势，与核电企业一道守护核安全。

健全内部核安全管理。组建安全生产委员会，针对安全生产共性、难点问题实施挂牌督办，促进问题有效解决；安全生产委员会业务组着力解决安全领域的共性管理问题，查找管理偏差，为提高安全生产管理水平提供技术支持。推行"党委聚焦安全生产工作机制"，充分发挥党委在安全生产管理中的作用，围绕"党委聚焦安全生产工作机制"开展多项工作，包括清晰界定主要负责人及关键岗位人员安全生产职责、党组织负责人年度述职增加安全专项报告等，使"一岗双责"得到有效落实和强化。推行安全生产标准化建设，编制安全生产标准导则，为核电厂安全生产标准化达标工作提供参考。研发核电安全生产管理平台，为支撑核电厂的生产准备、运行发电、维修及设备管理、安全管理工作，支持公司现有核电基地的群堆运营管理及后续业务发展的标准化和自动化奠定基础。

加强内部安全监督与隐患排查。坚持GOSP（管控、监督、支持、实施）管理理念，不断健全安全监督体系，实行机组安全生产重大问题挂牌督办机制，加强隐患排查治理，保障系统、设备、人员安全。推进本部独立安全监督，健全驻厂安全总监汇报制度；实行安全生产重大

问题挂牌督办机制，发挥成果共享优势，减少重复攻关；针对人身安全隐患、设备设施事故隐患、安全管理隐患等进行排查和整改。

邀请同行评估。世界核电运营者协会（简称 WANO）是一个核电领域的专业机构，通过相互协助、信息交流和良好实践推广等活动来评估、比较和改进电厂的业绩，并最终提高全球核电站的安全性和可靠性。中国核电作为 WANO 组织成员，定期邀请 WANO 对公司所属核电站各领域进行安全评估。2018 年 8 月 13 日至 17 日，WANO 对公司进行首次重点领域评估（FAR），评估活动由 WANO 东京中心组织实施，是 WANO 在国内首次针对电力公司开展的 FAR 评估活动。评估主要聚焦于中国核电 GOSP 管控模式中的公司管控、公司监督与公司支持三方面。通过为期一周的评估，评估队总体认为，中国核电近年来不论是运行电厂还是在建机组均取得了大幅度的业绩提升[1]。2019 年 2 月 21 日，由 WANO 倡导、中核集团积极响应、国内其他涉核企业集团支持和通力协作共同完成的 WANO 上海中心项目正式落地。WANO 上海中心的正式落地，对提升以我国为代表的广大亚洲区域的新建核电机组的安全、稳定运行具有重要意义[2]。

建立经验反馈制度。按照不同的级别和方式，规范各类内外部事件的处理，包括报告和分析、制订和执行纠正行动，以及评价其有效性等。公司提倡透明的报告制度，各级管理层鼓励员工（包括承包商员工）及时、如实地报告各种异常情况（包括未遂事件）。公司保证从异常和事件中获得的信息能得到有效地管理，并确保从中获得的经验教训能通过多种方式和途径（包括培训、研讨、工前会、工后会、交流会、报告等）进行吸收和利用。同时，管理层定期组织员工及时、准确总

---

[1] 出自《中国核电完成 WANO 对国内电力公司的首次重点领域评估》。
[2] 出自《WANO 上海中心落地，中国为世界贡献更多智慧和力量》。

结良好实践并进行推广。

二、构筑内外环境管理和监督机制，共同守护碧水蓝天

让天更蓝、水更清、空气更清新是核电事业的意义所在，也是核电人建设美丽中国的绿色之梦。作为我国大陆第一个建立核电站的企业，中国核电肩负着探索和发展核电这种清洁能源的重任，这是利益相关方对其的期望，也是中国核电运营管理的重中之重。

夯实环境管理。公司董事会下设安全与环境委员会，制订《董事会安全与环境委员会议事规则》《安全质量环保报告管理办法》，形成规范化议事程序和环境信息汇报机制，保障董事会对公司日常环境工作及突发环境事件进行有效管理和监督。编制并发布大纲级程序《环境保护管理大纲》，明确各类污染物从产生到最终处置完整的管理流程，新增《环境监督管理》《危险废物管理》等管理程序，制订环境管理程序专项发布、升版计划，通过建立有效的环境保护管理制度，促进节能减排和高效利用，使核电站对当地生态的影响最小化。签订《环境保护政策声明》，为中国核电各级环境保护制度提供总依据。

注重放射性物质管理。公司严格遵守《放射性污染防治法》《放射性废物安全管理条例》等法律法规要求，持续完善放射性废物管理工作。公司安全与环境委员会下设安全质量部，负责建立放射性废物的管理制度和执行程序、制订放射性废物管理指标、推动公司废物最小化规划和管理；放射性流出物监测排放控制管理部门负责监测和控制放射性流出物，并对其相关管理举措进行优化和监督。实施放射性废物管理责任制，对相关工作进行考核，考核结果作为各成员单位的绩效评价指标之一。制订放射性废物管理目标，按照《放射性流出物排放管理》程序，积极推进放射性废物最小化工作。及时跟踪目标完成进度，定期开展放射性废物排放量的复核和优化分析，持续跟踪和改进管理情况。积

极开展放射性废物管理研究，通过分类收集、贮存衰变、清洁解控、再循环或再利用等运行管理措施，有效控制并尽可能减少放射性废物排放。

接受社会监督。包括监管机构、公众在内的利益相关方通过中国核电官网、年报等方式，重视监督核电站建设运行的环境影响，促进企业加强环境影响管理。为此，中国核电制订《安全质量环保报告管理办法》，规范公司内部针对突发环境事件、辐射事故等环境事故的报告程序及内容。定期报送环境监测月报和环境监测年报，在国家生态环境部官方网站公开实时环境监测信息，保障公众获取有效信息的可行性。

加强生物多样性保护。公司遵守《海洋环境保护法》《环境保护领域管理导则》等相关规定，注重在项目建设和运营期间的生物多样性保护。针对土壤生物多样性保护，制订《化学品管理》《危险化学品的安全管理》等涉及危险化学品的管理制度，保证危险化学品的运输、贮存和使用符合国家相关管理规定，避免土壤污染；针对海洋生物多样性保护，公司定期开展邻近海域海洋生态调查工作，评估项目运营对邻近海域的生态影响，保护邻近海域的海洋生态。开展海洋生物遗传多样性研究，对水域环境进行取样分析及监测，制订相应保护举措；针对陆地生物多样性保护，公司定期实地踏勘项目厂址，记录厂址的生态情况；综合考量项目建设方案、施工工艺对附近生态的影响，避免生态环境遭破坏。实施厂区绿化工程项目，打造厂区花园环境。

三、构建协同创新平台，共同推动核电产业链发展

以公众为核心的利益相关方对企业的利益认同基于企业发展所带来的同步和机会平等，企业要与利益相关方在协同行动中彼此都能够获得增量价值，形成共赢，才能更好地推动企业和社会可持续发展。在中国核电看来，社会责任管理的推进不应局限于企业内部，更要在整个核电

第三章 路径实践：推进核电社会责任管理落地实施

产业链条上达成共识、共同发展，以推动整个行业的可持续发展。

推动设备自主化攻关。公司遵循"自主设计、自主制造、自主建设、自主运营"的建设方针，成立国产化工作组，编制《SPV设备质量管理》《SPV合同范本》及关于国产化科研项目采购管理有关意见等多项制度文件，形成公司备件国产化项目库，持续提升设备国产化率，带动我国一批核电配套的装备和零部件生产企业的转型升级，以自主创新实现降低造价、提高国产化率和自主设计水平。在"华龙一号"示范工程的建设中，泵设备国产化比例超过90%，关键阀门、核级电缆等大宗材料可实现国产化率100%[1]。

联合成立核电运行研究院。2019年，公司会同秦山、田湾、福清、海南、三门等核电厂共同倡议发起成立核电运行研究院[2]，希望通过对标国际先进水平，充分发挥"小核心、大协作"运作机制，建设中国核电运行支持平台、科研创新平台和国际合作平台。运行研究院的成立有助于中国核电抓住核电发展的战略机遇期，创新人才队伍建设机制，培养一批首席专家和学科带头人，助力中国核电在全球核电业界实现从跟跑、并跑到领跑的目标。2020年7月3日，核电运行研究院揭牌成立，将成为核电系统的科研样板，中国核电给予配套支持，促进其科研核心能力建设[3]。

推动形成核电技术服务产业联盟。2019年11月22日，在中国核电主办的核电技术服务产业联盟成立大会暨技术服务"走出去"专题交流会上，来自中核集团、中广核、国家电投和华能集团等13家单位共同签署成立核电技术服务产业联盟[4]。核电技术服务产业联盟将承担信

---

[1] 出自《中国核能电力股份有限公司2019年社会责任报告》。
[2] 出自《创建核电运行研究新高地，共同守护核电安全发展》。
[3] 出自《中核集团揭牌成立核电运行研究院》。
[4] 出自《我国首个核电技术服务产业联盟正式成立，助推核电产业"走出去"》。

中国核电：公众沟通驱动型社会责任管理

息共享、资源利用、创新驱动、经验反馈等职责，业务领域涵盖国内全部商用堆型从设计、建造、调试运行、延寿直至退役的全生命周期。通过联盟的成立，成员单位可以在遵守法律法规、满足公司治理要求的前提下，共同提升核安全保障水平，共同促进核电技术服务产业发展。联盟为成员间的交流与合作提供了更大平台，形成更加科学、高效的合作机制，有助于加强成员间信息及资源共享、互通互信、互利共赢，助推核电技术服务产业"走出去"。

加强国际合作交流。公司秉持开放发展的态度，积极发挥产业优势，持续深化国际合作，与国际伙伴携手前进。与巴基斯坦、沙特阿拉伯、保加利亚、白罗斯、孟加拉国等国家进行深入交流，并与加拿大、捷克、韩国、阿根廷等国建立稳定的合作关系。

发起核电行业公众沟通倡议。2016年12月，中国核电发起我国首份核电产业公众沟通倡议，号召核电建设、运营等核电产业参与方，以更加专业、更加透明、更加开放的方式开展公众沟通，携手推动核电产业发展，如图3-5所示。公司从及时、准确发布敏感信息，持续创新公众沟通方式，加快培养卓越的公众沟通队伍，积极分享核电科普知识，共同搭建透明的公众沟通平台，大力构建和谐的公众沟通伙伴关系，广泛动员公众支持核电发展7个方面发出倡议，号召核电企业以公开、透明的方式，发布敏感、专业信息，开展公众沟通活动，培养专兼职公众沟通队伍，传播核科普知识和核电产业最新发展成就；倡导以更加开放的态度携手政府机构、行业协会、产业伙伴、媒体力量，积极动员公众在工作和生活中主动了解核电科学，增强公众对核电信息的认知和辨识能力，提高公众对核电和核安全的认知水平，使公众更理性、公正地对待、支持我国核电安全高效发展。

第三章 路径实践：推进核电社会责任管理落地实施

一、及时、准确发布敏感信息。根据国家要求，主动向社会发布敏感、专业信息，及时向社会公众披露项目开发、建设和运营相关信息，确保信息公开、透明。

二、持续创新公众沟通方式。结合核电发展的新形势、新任务，不断创新工作理念，针对不同沟通对象，持续开展各具特色的核电公众沟通活动。

三、加快培养卓越的公众沟通队伍。核电企业应积极组织相关培训和交流，培养知核电、懂核电、爱核电，能沟通、愿沟通、善沟通的有公信力的专兼职公众沟通队伍，增强员工参与公众沟通的意愿和能力。

四、积极分享核电科普知识。核电企业应充分利用自身及行业影响力，借助各自的媒体资源及平台，积极传播核科普知识和核电产业最新发展成就。

五、共同搭建透明的公众沟通平台。核电企业应采取集体行动，建立公众沟通、交流、共享的多方对话平台，倾听各方声音，推动核电产业实现更加包容、更加持续的发展。

六、大力构建和谐的公众沟通伙伴关系。核电企业应打破行业界限，以更加开放的态度携手政府机构、行业协会、产业伙伴、媒体力量，建立并实施有效的合作机制，定期开展公众沟通活动，真诚回应公众对核电沟通的期望和诉求。

七、广泛动员公众支持核电发展。核电企业应积极动员公众在工作和生活中主动了解核电科学，增强公众对核电信息的认知和辨识能力，提高公众对核电和核安全的认知水平，使公众更理性、公正地对待、支持我国核电安全高效发展。

我们深刻认识到，核电产业的公众沟通只有起点，没有终点。只有开展有效的公众沟通才能为我国核电事业健康、快速、持续发展保驾护航。让我们携起手来推动核电事业发展，共同擦亮"国家名片"，以实际行动为"美丽中国"建设和全球可持续发展作贡献！

倡议发起人：中国核能电力股份有限公司
倡议时间：2016年12月

图3-5 中国核电发起我国首份核电产业公众沟通倡议

四、搭建多方合作平台，共同营造和谐幸福的人文环境

中国核电重视联合政府部门、核电同行、核能行业协会、研究院所、媒体伙伴等多方力量，积极回应各方对核电社会责任管理工作的意

见和建议,不断创新工作理念,改进工作方法,携手公众共同实现自身价值创造和可持续发展。

校企联合培养。公司与华北电力大学、哈尔滨工程大学、东北电力大学、兰州大学等高校签订联合培养协议,通过联合培养项目提前锁定优质生源,借助校企合作平台帮助在校大学生完成核电专业知识的原始积累,推动中国核电人才队伍建设。

合力开展脱贫攻坚。公司认真贯彻落实国家扶贫开发政策和方针,结合贫困村的实际,充分挖掘贫困村的发展潜力,与村委村民共同探讨扶贫方案,通过光伏扶贫、农牧扶贫、支教扶贫、产业援藏等多种扶贫模式,帮助解决当地贫困难题。所属福清核电开创"志智"品牌系列顶尖茶叶,打造"种茶+制茶+售茶"全产业链增收模式,依托村民建立福鼎炉屯农业发展有限公司,采用农业公司与村集体签订承包合同,专业化运营"志智"品牌茶,逐步拓展市场,做强品牌,形成了"农户+茶厂+京东电商+实体店"的一条龙生产销售模式,为村集体带来稳定、长期的村财收入[1]。

推动形成核电关联产业联盟。公司借助自身专业优势,在为地方经济发展提供能源支撑的同时,积极带动核电关联产业聚集,吸引大批优质核电关联企业落户海盐县,形成核电关联产业联盟。秦山核电基地所在地浙江省嘉兴市海盐县,核电关联企业总产值突破200亿元。在当地政府的支持下,70多家核电关联产业伙伴与中国核电一同在海盐县打造"中国核电城",建设全球核电关联产业创业创新基地,共同探讨核电产业链协同发展,有效带动核电工程设计、运行维护、技术调试、建设安装等配套关联产业的发展。时任海盐县县长的章剑自信地说,"到2020年,中国核电城基本建成,将形成技术水平高、产业功能全、服

---

[1] 出自《中国核能电力股份有限公司精准扶贫专题报告(2019—2020)》。

务范围广、设施配套优的核电产业体系,力争核电及其关联产业产值达到1000亿元左右"[1]。在核电项目建设阶段及运营后,与项目相关的常住人员和大量流动人口不仅带动了日常消费市场的发展,也带动了宾馆餐饮、房地产业、汽车行业、休闲产业等消费市场的增长。

坚持企地融合发展。公司充分发挥资源优势力量,全面融入长三角一体化国家战略,依托秦山核电与全国文明城市浙江海盐县签署战略合作协议。双方将本着"优势互补、合作共赢、资源共享、协同发展"的原则,以打造"全国样本"为目标,共同做好"四个基地"建设,推动"零碳未来城"发展,打造"零碳能源,绿色发展"国家级高质量发展示范区,成为企地融合的典范。截至2020年年底,秦山核电已累计安全发电超过6400亿千瓦时,减排二氧化碳相当于植树造林约400个西湖景区。

第四节 加强联结与协同,共同建设负责任的核电品牌

在这个社会责任与价值沟通领跑的可持续品牌时代,中国核电认识到,在品牌建设过程中应坚持以利益相关方为核心,坚定可持续品牌建设的"信心",通过系统、持续的公众沟通,增强与公众的"联结""协同",并依此不断丰富和发展中国核电的品牌内涵,持续打造具有影响力的核电传播品牌,提升品牌管理能力,增强公众对中国核电清洁、魅力、安全、责任的国际一流核电品牌形象的认知度与认可度。

---

[1] 出自《依托产业优势 打造中国核电城——专访浙江省海盐县县长章剑》。

一、开展有针对性的品牌传播

中国核电致力于建立起包括产品品牌、雇主品牌、供应商品牌、绿色品牌在内的多维立体综合形象，形成在利益相关方心中负责任的、具有可持续竞争力的品牌形象，以持续获得公众良好的满意度与声誉，实现企业与社会的可持续发展。为此，中国核电以了解并分析利益相关方的需求与期望为前提，有针对性地制订品牌传播计划，以回应利益相关方的诉求，在利益相关方的头脑中建立起更好的品牌形象。

在对公司内部普通员工进行品牌传播时，重点培养员工对中国核电品牌的认可和忠诚，构建公平、协作、关爱的中国核电大家庭，加强员工对中国核电企业文化内涵的理解、品牌形象和社会责任意识的认知。

在对公司高层管理者和部门负责人进行品牌传播时，注重宣传核电的基础知识，以及核电对地方经济和社会发展带来的影响，以便在内部管理和对外交流中更好地传播中国核电的品牌形象和发展理念。

在对包括普通民众、意见领袖代表、学生群体等在内的社会公众进行品牌传播时，公司除了采用公开讲座、发放科普资料或者电厂参观的形式外，也认识到媒体宣传、开展公益活动等形式的作用。传播的重点内容包括核电的基本原理、安全性及核电的优越性，还注重考虑针对这部分群体的不同职业特征进行有区分的传播，如对教师重点介绍核知识如何应用于核电站，对医生重点介绍辐射防护内容等。

在对包括股东、政府、伙伴、新闻媒体等在内的关键群体进行品牌传播时，采取当面会谈、集中学习参观、集体讲座等方式，将核电基础知识与核电的安全、清洁、高效、经济等特点相结合，传播重点是国家能源发展战略、核电发展规划、核电建设给地方经济社会发展带来的积极影响，如税收、就业、消费、环境治理（空气质量改善）、能源利益等，并且注意对新闻媒体等群体提出的异议和疑问进行耐心解答。

二、畅通透明的品牌传播渠道

中国核电不断创新品牌传播方式与渠道，从信息告知、双向互动沟通，到邀请利益相关方参与企业生产经营事务，以利益相关方为核心，将利益相关方的期望和诉求有效融入品牌建设管理的每一个环节，将与利益相关方充分沟通互动的意识融入品牌建设管理中，加强与利益相关方之间的沟通，全面提升"中国核电"的品牌知名度和美誉度。

一是充分利用各方资源，打造系列品牌，定期举行"核您在一起"公众开放周活动、"家属开放日"活动、投资者沟通会、媒体开放日等活动。二是尝试与符合企业品牌内涵、产品内涵的明星或员工进行品牌代言宣传，扩大企业的知名度和美誉度。三是整合企业官方网站、官方微信、文化内刊、对外报告等自有平台资源，与国内外主流品牌传播专业平台等保持良好互动，增强中国核电品牌传播领域的话语权。四是管理好媒体资源库、媒体记者库、核电领域权威专家资源；定期组织新闻发布会、记者采风、媒体互动等活动，建立良好的上市公司媒体关系；围绕项目开工、机组并网等重大工程节点，邀请中央、地方及行业媒体等进行专题报道；主动对接与公众影响力较大的贴吧、豆瓣、天涯等社区平台或国内主流传播平台的合作，积极回应公众关注的热点议题。五是加快中国核电品牌、商标的注册及文化创意产品的保护，尝试开展文化创意产品的委托经营试点，继续做好核电宝宝、华龙宝宝等吉祥物衍生品的生产及卡通形象的升级。

三、开展创新性的品牌传播活动

开展品牌传播活动是提升利益相关方核电认知度和接受度的重要途径，有助于让更多的利益相关方了解核电知识，消除对核能的误解和降低核能本身的神秘感，引导利益相关方科学、理性地对待核电发展。中

中国核电：公众沟通驱动型社会责任管理

国核电及下属企业持续开展主题实践活动，通过举办"魅力之光"杯核电科普知识竞赛、公司形象大使品牌代言、核电科普基地等系列活动，全面对外展示企业形象，并结合实践活动和未来发展方向进行品牌化运作，形成系列化品牌实践，持续打造中国核电品牌。

中国核电连续八年举办"魅力之光"全国核电科普知识竞赛和夏令营活动，这一活动由国家核安全局、国家能源局、国防科工局、中国科协牵头指导，中国核学会与中国核能电力股份有限公司联合主办，各核电集团支持参与，通过网上答题赢取奖品和核电夏令营结合的方式，向中学生宣传普及核电科普知识，提升公众对核电和核安全的认识。

自2013年举办首届活动以来，参与的中学生累计超过240万名，参赛人员涵盖了全国34个省、自治区、直辖市，以及美国、意大利、日本、新西兰等五大洲19个国家。新华网、新浪网、腾讯网、果壳网、知力网、科普中国、未来网、《中国中学生报》等多家媒体参与宣传。"魅力之光"已成为名副其实的全国性核科普品牌活动，为核电科普知识的传播和核电事业的发展营造了良好氛围。

2017年，公司在海盐县"核电小镇"核心区创建试运行核电科技馆。该核电科技馆是目前国内最大的核电主题类科技馆，总建筑面积约2.57万平方米，布展面积为8300平方米，占地面积为1.9万平方米，以体验科学、启迪创新为核心设计理念，设有中国核电之路、核安全与环保、"核谐家园"等13个展厅，既展现了我国核电事业的发展历程和光辉成就，又展示了完整的核工业产业链。

中国科协科普部部长白希指出，核电科技馆立足长三角，拥有辐射全国的能力，核电作为区域特色，希望能够在提升人民科学素质方面做出更大的贡献[①]。

---

① 出自《打造全面接轨上海的核电样本，国内最大核电主题科技馆在海盐开馆》。

科技馆试运行首日开通新媒体直播渠道，在线观看人次超过20万。全年接待公众参观460多批，共4.4万多人次。"十三五"期间累计接待人数超过200万。未来，中国核电将管理运维好以秦山核电科技馆为代表的科技馆，努力打造全国科普教育基地或全国核科普教育基地。

第五节 建立健全保障机制，形成社会责任系统管理

企业社会责任管理是有目标、有计划、有评估、有改进，系统性地对企业社会责任实践活动进行管理的过程，这一过程的有效落地需要坚实的组织保障和资源保障。中国核电以健全的组织体系、完善的制度保障、明确的工作规划、规范的绩效考核等持续推进社会责任管理，推动社会责任管理理念真正融入业务、根植岗位。

一、健全组织体系，聚合优势资源

社会责任工作是一项持续投入、长期收效的工作，形成网络严密、功能健全的组织体系，有助于确保各层级、各部门的社会责任管理工作有效开展，各系统的协调配合和高效运转将为公众沟通驱动型社会责任管理的有效实施提供坚实后盾。

健全社会责任组织体系。发挥公司党委和总经理部统一领导的统筹优势，设立宣传文化中心，进一步明确、细化社会责任工作的职能，督促各成员单位落实社会责任工作，推动社会责任机制实现权责明确、上下联动和全面覆盖，为践行企业社会责任提供组织支持，如图3-6所示。

中国核电：公众沟通驱动型社会责任管理

```
社会责任工作领导小组 ──→ 制订公司社会责任发展
                         战略和中长期发展规划
                         审议和决策企业社会责
                         任相关重大事项
        │
社会责任工作领导小组办公室 ──→ 协调社会责任的日常工作
                           开展社会责任的能力建设
                           牵头编制社会责任规划
        │
   ┌────┴────┐
本部部门联络员  成员单位联络员 ──→ 社会责任工作落实，向
                              本部报送社会责任工作
                              情况
```

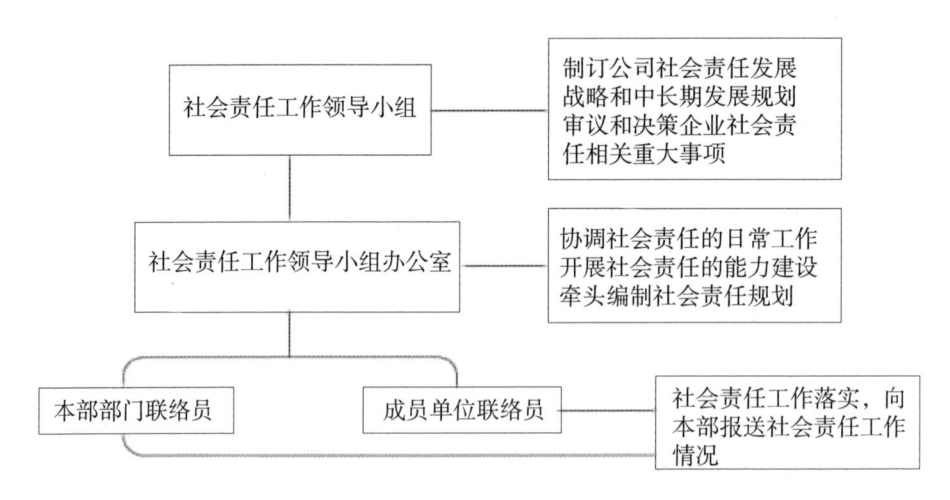

图 3-6　中国核电社会责任工作体系

明确管理职责。成立社会责任工作领导小组，由总经理部领导，主要负责制订公司社会责任发展战略和中长期发展规划，以及审议和决策企业社会责任相关重大事项工作。领导小组下设社会责任工作领导小组办公室，主要负责协调社会责任的日常工作、开展社会责任的能力建设，以及牵头进行社会责任规划编制工作。本部部门联络员与成员单位联络员主要协助社会责任工作领导小组办公室开展相关工作，负责社会责任工作的落实及向本部报送社会责任工作的实施情况。

打造一体化工作格局。坚持"本部统筹、上下联动、专业支持"的工作机制，从企业文化、社会责任及品牌传播三个层面提供整合解决方案，横向协同、纵向承接，推动各职能部门、各成员公司有计划、有步骤地系统推进社会责任管理工作。本部负责统筹协调，集中承担社会责任工作计划制订与决策部署的任务，并在关键节点加强对成员单位工作进展的把控，明确激励约束机制，推动成员单位品牌文化及社会责任工作的推进。成员单位作为项目工作的具体实施单位，结合本单位业务

实际，有特色、有重点地开展工作。充分发挥专业机构的作用，提供工作方法、技巧方面的指导，不断提升公司品牌文化及社会责任工作的专业性。

二、完善规范制度，打造长效机制

中国核电十分重视社会责任管理规范制度的建设，通过制订专项制度、发布工作指南等方式，促进社会责任管理工作的制度化、规范化，打造并形成公司推进社会责任管理工作的长效机制。

规范公众沟通管理。公众沟通是核电企业推进社会责任管理的驱动力。然而，行业内对不同发展阶段的核电项目在公众沟通方面应该做哪些工作、何时开展这些工作、如何开展、效果如何评估等一系列问题并无标准可依，公众沟通缺乏一整套运行效率高、效果好的公众沟通模式，公众沟通的长效运行机制尚未形成。为此，中国核电创新编制并发布了《中国核电公众沟通指南》，形成标准化、规范化的公众沟通指引，确保国家相关部门对核电项目公众沟通的各项要求落实到位，按照公众宣传、公众参与、信息公开、舆情管理四个模块系统梳理了实用性、可操作性的公众沟通标准流程，整合形成了公众沟通的产品库、人才库、口径库，为各核电厂开展公众宣传、公众参与、信息公开和舆情管理等工作提供指导依据。

建立社会责任报告制度。基于公众沟通驱动的社会责任管理推进路径，尤其注重以公众为核心的利益相关方的沟通，中国核电从社会责任信息披露入手，建立《中国核电社会责任报告制度》（简称《报告制度》），规范中国核电本部与各成员单位履行社会责任、开展企业社会责任报告编制工作的管理。《报告制度》明确规定中国核电的社会责任报告管理工作需要各部门和各成员单位积极参与配合实施。公司本部对社会责任报告的目标、方向和内容进行总体把关，各部门负责在各工作领域内积极推进开展社会责任工作、配合社会责任报告的编制,各成员单位积极开展社会责任报告工作。《报告制度》确立了完整性、客观公正、易读性、可验证性、过程性等报告编制原则,规范了安全责任、员工责任、市场绩效责任、环境绩效责任、社会绩效责任方面社会和实践信息披露的工作要求,为公司更好加强社会责任信息披露,增进与利益相关方交流沟通奠定基础。

三、制订专项规划,加强系统推进

面临新形式和新挑战,面对管理者开发、员工管理、工作管理、企业发展等任务,中国核电秉持"创新、协调、绿色、开放、共享"的新发展理念,结合公司"十三五"发展规划,按照卓越文化体系的要求,全面对接中核集团"十三五"党建、企业文化、核科普宣传规划,加强企业文化、社会责任及品牌传播工作的顶层设计,制订中国核电《"十三五"企业文化、社会责任及品牌传播专项规划》(简称《专项规划》)。

确立工作目标。《专项规划》围绕中国核电公众沟通驱动型社会责任管理工作的总体思路与目标,以服务公司整体发展战略、上下联动系统推进、适度推进稳步发展、坚持创新驱动发展为基本原则,为中国核电社会责任管理工作明确清晰的奋斗方向和实现路径。《专项规划》明确提出公司企业文化、社会责任及品牌传播工作的总体目标,就是要在2020年前,经过中国核电"三位一体"的企业文化、社会责任及品牌传播整合推进模式高效运作,使公司成为能源行业安全文化的标杆,社会责任践行的上市中央企业示范者,核电文化传播的领先者;获得政府部门、监管机构、专业组织和媒体、员工、投资者等利益相关方的广泛认可,成为中国核电行业的第一品牌,为中国核电"国际核科技发展的引领者"愿景的实现注入强大的精神动力。中国核电坚持企业文化、

第三章 路径实践：推进核电社会责任管理落地实施

社会责任及品牌传播"三位一体"的推进模式，秉承卓越文化之道，以安全为本，以创新为要，以责任为魂，通过三大管理举措，实施三大工程，按照"模式构建、实践探索、共享提升"三大阶段，有计划、分阶段、有目标地协同推进企业文化、社会责任及品牌传播工作，确保工作的协调性、延续性和整体性。

明确工作重点。《专项规划》明确提出，一是要推动文化落地，实现公司领导层、管理层、执行层、操作层的每一位员工都能够理解并践行责任理念。致力于统一价值理念和行为规范，用文化凝聚人心，用文化规范行为，将公司负责任的文化理念转变为员工的自觉行动，通过企业文化融合全面提升员工素养和公司形象。不断完善公司文化体系，确保制度体系的完备性、先进性、适用性。积极开展文化宣贯，将卓越文化体系纳入员工培训体系及员工文化活动。打造受众喜爱，员工爱看、爱投稿、爱分享的中国核电企业文化传播平台。开发系列文化产品，选树系列文化典型，深化企业文化形象。开展全面、系统、深度的企业文化调研、诊断、评估，形成评估报告，推动企业文化的落地和持续改进。二是要践行社会责任，推动理念融入业务运营和管理。围绕运营和管理的全过程，从项目规划、设计审批、工程建设、电站运营等各个环节，有效识别并管理公司运营对利益相关方和自然环境的影响，实现社会责任与企业经营的有机融合，是提高公司履行社会责任绩效的核心和关键。除将社会责任有效融入公司的经营管理外，还通过加强精品报告的发布、实施战略性公益管理、主动对接国家扶贫战略、建设社会责任示范基地、加强海外社会责任实践等多种方式，积极推进社会责任实践工作。三是要多元化地传播和推广，打造在利益相关方中负责任的品牌形象。创建以可持续为内核的品牌建设路径，为企业的品牌形象注入可持续发展的内涵，增进利益相关方对公司负责任形象的感知，为公司的发展营造更好的环境。采用多元化的宣传推广方式，定期举行核电开放日和"魅力之光"杯核电科普知识竞赛，提升公司的透明度和品牌形象。选择符合公司品牌内涵（安全、创新、责任）、产品内涵（清洁、高效、低碳）的明星或员工进行品牌代言传播，扩大品牌知名度和美誉度。不断推广和固化公众沟通流程，管理媒体网络、经营品牌资产，建好核电科普基地，高效完成品牌传播推广工程。

做好保障措施。公司明确企业文化建设管理委员会（委员会成员为公司党委、公司总经理部成员，本部各部门负责人、成员公司党政主要领导）是负责督促规划落实的最高机构，公司党政主要领导是规划落实的第一责任人，本部各部门、各成员公司根据职责承担各自任务。按照党管干部、党管企业文化、党管宣传舆论、党管意识形态的原则，打通企业文化、社会责任及品牌传播专业骨干队伍与经营型、稀缺型、综合型人才的职业成长通道。将企业文化、社会责任及品牌传播工作的预算列入公司总体预算科目中，单独核算管理，为相关工作提供充足的、必要的经费保障，并形成机激励相容机制，做到资金使用与经济效益、社会效益、政治效益的统一。以规划实施的长效机制为着眼点，构建和完善规划实施的制度体系，对规划实施的日常工作进行跟踪检查和监督，发现问题及时纠偏，及时总结，传播优良经验；在规划实施的重要节点时期对实施进程和绩效进行评估。

四、重视绩效考核，发挥激励的约束作用

中国核电重视发挥激励的约束作用，将社会责任管理工作要求融入相关绩效考核中，激发全员更好地推进社会责任管理的热情和能动力。

定期开展绩效评估工作。综合运用自我评估、同行评估、上级评价相结合的形式，每年定期针对企业文化、社会责任及品牌传播工作进行效果评估，并形成综合分析报告。委托专业机构定期对中国核电的品牌资产进行专业评估，形成公司可持续品牌价值评估报告。

第三章 路径实践：推进核电社会责任管理落地实施

实行评价激励。为鼓励各部门、成员单位的工作积极性，中国核电将企业文化、社会责任及品牌传播工作成效纳入各成员公司党委工作、各成员公司党政主要领导的工作绩效考核指标体系。定期开展评先推优工作，每年对先进个人、先进集体及优秀企业文化成果、优秀社会责任实践案例、优秀品牌传播产品等进行评选，并给予奖励。同时，注重对外交流学习，积极参加国内主流、权威的企业文化、社会责任及品牌传播工作的相关奖项评比，不断提升公司的品牌价值，完善评估机制。

第四章

勇于担当：
焕发新时代核电企业的责任魅力

第四章　勇于担当：焕发新时代核电企业的责任魅力

2015年，在我国核工业创建60周年之际，中共中央总书记、国家主席、中央军委主席习近平做出重要指示，对我国核工业取得的成就给予充分肯定，为新形势下我国核工业发展指明了方向。习近平指出，核工业是高科技战略产业，是国家安全重要基石。要坚持安全发展、创新发展，坚持和平利用核能，全面提升核工业的核心竞争力，续写我国核工业新的辉煌篇章。

中国核电对公众沟通驱动型社会责任管理路径的有效探索，助推了公众对核电接受度的显著提升。在公司内部促进员工达成共识，有效提升企业凝聚力的同时，形成以责任为基础的企业运营管理方法，塑造大国核电的负责任品牌形象，为企业向高质量发展转型提供动力，为绘就我国新时代下的核电蓝图贡献了力量。

第一节　凝聚共识的核电力量

员工是企业最宝贵的财富，也是企业成功的基石。企业的发展离不开员工的努力，企业发展凝聚力的关键在于与员工达成共识。一万多名中国核电人是中国核电企业文化的创造者，是中国核电社会责任理念的传播者，也是中国核电社会责任管理工作成效的展现者。中国核电在推进社会责任管理过程中重视推动全体核电员工将公司文化理念、社会责任发展理念"内化于心，外化于行"，从共同的理念、举动、感受与员工达成共识，形成公司可持续发展的核心力量。

一、理念从经营业绩向责任坚守转变

中国核电作为核能行业的领先者，不断扩大产业规模，积蓄发电力量，截至 2021 年 3 月 31 日，总资产规模超过 3897 亿元，公司核电控股在运机组装机容量为 2139.1 万千瓦，新能源控股在运装机容量为 571.694 万千瓦。"十三五"期间，累计核电发电量超过 5000 亿千瓦时，彰显着作为我国核电事业开拓者与引领者的信心与形象。

然而，经济规模的快速发展不是中国核电的唯一追求。中国核电在突出的发展业绩的基础上，对自己提出了更高、更严的要求，还要促进核电行业可持续发展、推动生态环境保护、构建和谐幸福社会等，为新时代的可持续发展贡献中国核电力量。

2019 年 1 月，中国核电在落实党的十九大精神关于中国特色社会主义文化工作要求的基础上，对中国核电卓越文化体系理念及释义进行了修订、完善和深化，形成了新时代中国核电卓越文化体系。新时代中国核电卓越文化体系将企业使命更新为"强核强国、造福人类"，就是要全面贯彻落实习近平新时代中国特色社会主义思想和人类命运共同体理念，持续推动以科技创新为核心的全面创新，深入实施以科技创新为驱动的发展战略，实现安全发展、创新发展，为国民经济和社会发展、实现中国梦积极贡献力量，造福全人类。这就意味着，企业存在的根本目的不仅要考虑企业自身的发展，还要兼顾国民经济和社会发展，切实履行国有企业的社会责任。

从经营业绩到责任坚守，中国核电在员工的内心种下一枚"责任"的种子，这枚"种子"不断生根发芽，将企业的社会责任理念深深驻扎在员工的行为中、企业的管理中。

二、文化从勇于探索向责任担当发展

自 1985 年 3 月 20 日我国大陆第一座核电站——秦山核电站 30 万千瓦核电机组开工建设以来，中国核电人以强烈的历史使命感投身于核工业"二次创业"的光辉事业中。中国核电人勇担国任、敢为人先、

第四章 勇于担当：焕发新时代核电企业的责任魅力

艰苦创业，实现我国大陆核电的"零突破"，被誉为"国之光荣"。历经艰苦奋斗的建设期、精益求精的运行期和追求卓越的发展期，逐步积淀了中国核电深厚的文化底蕴，形成了中国核电人"追求卓越"的文化基因。

自2016年以来，中国核电每年定期开展企业文化及员工思想动态问卷在线调查，问题涵盖企业文化特征整体感知、公司发展战略认知，员工幸福感、成就感、归属感的评价指标，以及党风建设和反腐倡廉工作、社会责任等，以定量调查为主，定性问题反馈为辅，调查对象为中国核电全体在册员工。2020年，共有12309名员工参与调查，整体参与率为84.85%，通过企业文化及员工思想动态问卷调查，共征集到有效建议8831条，其中，管理板块有2731条，人才板块有2570条，薪酬福利板块有789条，其他板块有18条。

中国核电设置了匹配中国核电卓越文化体系特征的七个关键词。其中，代表组织效率维度的三个关键词是安全、高效、创新；代表员工关爱维度的三个关键词是人本、活力、透明；代表国家和社会价值认同维度的一个关键词是责任，并采用了单个指标逐一定量、最终计算加总评分的方法。调查发现，员工认为在本单位实现程度得分最高的两项关键词是"安全"和"责任"，得分为82.2%和84.7%，这在一定程度上反映出公司员工对社会责任的理解和认识，为持续提升公司社会责任管理水平奠定坚实基础。

中国核电将"两弹一星"精神、"事业高于一切、责任重于一切、严细融入一切、进取成就一切"四个一切的核工业精神、"强核报国、创新奉献"的新时代核工业精神等确立为企业精神，就是要提醒员工每一项业务工作都是为了国家，要建立起对国家、对人民高度的责任感，把严格细致融入一切活动、每个环节，积极探索、奋发向上、孜孜以求、追求卓越的精神状态。2020年企业文化及员工思想动态问卷在线调查结果发现，公司全体员工对"四个一切"等概念的识别正确率将近90%，充分体现出员工对公司责任文化理念的理解与认同。

在2021年员工最关心的议题中，除了"员工薪酬""人才培养"等直接关联员工成长发展的议题之外，36.7%的员工选择"安全生产"作为最关心的议题之一，体现出中国核电人的大局观，不仅考虑自身权益，同时重视兼顾企业运营可能对社会产生的影响。

除通过企业文化及员工思想动态问卷调查对中国核电企业文化的体检和员工思想动态的把脉，中国核电还借鉴国际原子能机构（IAEA）和世界核运营者协会（WANO）有关核安全文化评估的工作方法，结合自身的实践和思考，原创了以关键词集体访谈法为核心的企业文化评估体系，按照每三年对成立的党委的成员公司进行一轮企业文化评估的周期，对旗下所有成员公司进行了系统、立体、动态的企业文化评估。评估中除进行文化查阅、个体访谈外，通过组织访谈各层面、各方面员工进行集体访谈，对企业文化及企业文化事实、案例方面的实际感受进行捕捉，挖掘各成员公司在企业文化方面的良好实践及存在的待改进项，促进双方达成文化共识，形成文化提升。中国核电有关企业文化评估的实践和方法也获得了全国电力行业的高度认可，先后荣获"2018年中国电力创新奖"及"2020年全国电力行业企业文化优秀案例"等荣誉。

中国核电始终重视坚持"文化引领发展，用沟通创造价值"的工作方法，牢固树立和自觉践行卓越核安全文化，将卓越核安全文化融入血液并体现在日常的工作和生活之中，持续提升团队凝聚力、战斗力和创造力，增强公司持续竞争优势。

第二节　日渐提升的公众接受度

公众接受即"公众认同"，认同就是满足心理需要的过程，并以此做出特定的心理分析，进而制订正确的政策。居民对核电的接受度已经成为许多国家发展核电面临的最主要的问题之一。中国核电探索的公众沟通驱动型社会责任管理路径，有效助推了公众核电接受度的提升，为核电的快速发展营造了良好的社会环境和舆论氛围。

一、公众认知程度的有效提高

提高公众的核电知识水平有助于提升公众对核电的接受程度。2014年，国务院办公厅发布的《能源发展战略行动计划（2014—2020）年》中明确提出，在安全发展核电的任务中，要加强核电科普和核安全知识宣传活动。2015年，核电科普节目《核电来了》《超级工程》在央视播出，让更多公众了解核电、认识核电。

为了更好地改善公众对核电的态度，增强社会公众对核电的认识、理解和信任，中国核电不断丰富核电科普的内容和方式，在普及核电科学知识、引导公众了解核电方面不断创新、奋进，努力使公众感受到中国核电正在为建设可靠、可信赖的企业持续付出努力，从而支持中国核电乃至核电行业的建设发展。

中国核电把核电科普的受众目标瞄准中国的广大青少年，积极引导他们了解核电、走近核电、体验核电的魅力。2013年，中国核电举办第一届"魅力之光"杯全国中学生核电科普知识竞赛，仅6000人参加[1]。2019年，中国核电不断创新适合青少年的核电科普知识内容，以核电科普知识竞赛为基础，从核电知识讲解到核电知识互动，逐步升级为核电"知识竞赛、核电夏令营、核电科普游"一体化全国性核电科普品牌活动，为核电科普知识的传播和核电事业的发展营造了良好的氛围。2020年，中国核电创新"魅力之光"的开展形式，采用网络直播和短视频形式，邀请中国工程院院士罗琦、歌手胡夏等四位不同领域的

---

[1] 出自《中国核能电力股份有限公司2015年社会责任报告》。

知名人士，为全国网友奉上四场生动有趣的核科普课堂，有效打破核科普宣传的圈层壁垒，吸引不同年龄、行业的人群，产生广泛的社会影响和积极的科普效益。连续八年开展的"魅力之光"杯核电科普知识竞赛在业界形成了较好的规模效应和品牌效应，吸引了超过240万名广大中学生的积极参与，得到了国防科工局、国家能源局、国家核安全局等的高度评价①。

二、"谈核色变"局面的有效改观

在中国核电看来，提升公众对核电的信心，不仅依靠于有效地向公众传播核电的相关知识，更需要公众参与其中，真切感受到核电企业对公众的重视程度，了解核电企业在努力回应利益相关方诉求的过程。

以中国核电徐大堡项目为例，徐大堡核电以项目所在地市级政府为公众沟通的实施主体，分工合作，共同制订和实施公众沟通的方案和措施，有计划、有步骤地开展各环节沟通工作。通过开展科普"十进"（进政府机关、进农村、进妇联、进团委、进科协、进教育系统、进媒体、进行业、进社区、进公益爱心）等活动，使葫芦岛市民认识和了解核电。公众接受率从全面开展沟通工作前2010年的60.9%上升到2013年的96.4%②，地方人大高票一次性通过项目的建设提案，社会稳定风险评价报告一次性通过了专家评审，徐大堡项目被环保部称赞为核电公众沟通的样板，为新建核电项目公众沟通与社会稳定工作做出了良好的示范，生态环境部也以徐大堡项目为蓝本形成了核电公众沟通的指南。

---

① 出自《中国核能电力股份有限公司2020年社会责任报告》。
② 出自《徐大堡核电开来科普篷车》，《中国环境报》，2015年9月24日。

第三节　以责任为基的企业运营管理

中国核电着眼"两个一百年"的战略安排和部署，在以习近平同志为核心的党中央坚强领导下，不断满足人民群众多层次、多样化、高质量的用能需求，不断提升公司的管理水平，增强公众对我国安全发展核电的信心。

一、筑牢安全品质之堤

安全是核电的灵魂。"十三五"期间，中国核电的核电机组安全运行水平不断提升，公司运行绩效水平、发电量全面达到或超越"十三五"规划目标，2020年年底，中国核电在运核电22台机组中，有15台达到WANO综合指标满分，中国核电运行核电机组满分机组占比达到66%，能力因子达到94%，为历史最高水平。国家能源局、国家核安全局等国家政府部门高度认可中国核电运行业绩的进步[1]。

中国核电将"安全第一、质量第一"的方针落实到核电规划、建设、运行、退役全过程及所有相关产业，用最先进的技术，持续开展在役在建核电机组的安全改造，不断提升既有核电机组的安全性能。公司以福岛事故为警钟，将其作为持续改进系统安全的起点，全面加强核电安全管理，提高核事故应急管理和响应能力。2020年，中国核电运行机组累计安全运行超过200堆年，15台机组WANO综合指数满分，排名并列世界第一[2]。

30多年来，以秦山核电为典型代表的我国核电站没有发生任何核安全事故，没有发生任何对环境产生影响的事件，各项环境辐射监测指标保持在天然本底水平。

---

[1][2] 出自《中国核能电力股份有限公司2020年年度报告》。

全世界目前大约有 400 多台运行机组。根据 WANO 核电机组运行业绩排名计算方法，中国核电旗下的运行机组基本排在世界前 100 名以内，其中，15 台机组 WANO 综合指数得分世界排名第一。

二、贡献美丽中国建设

核电作为非化石能源的主要组成部分，对调整优化能源结构、减少温室气体排放具有十分重要的意义。2020 年，公司累计完成发电量 1539 亿千瓦时，与燃煤发电相比，相当于减少燃烧标准煤 4683.8 万吨，减少排放二氧化碳 12281.6 万吨，减少排放二氧化硫 39.9 万吨，减少排放氮氧化物 34.7 万吨，相当于植树造林约 49 万公顷①。

中国核电特别重视加强环境影响管理，建立完善的环境监测体系和环境巡检记录体系，建成核电厂环境数据管理系统，采用统一的监测系统和数据管理平台将各核电厂环境数据集中管理，定期对核电厂周边环境辐射实时剂量率、累积剂量率、气象信息等进行连续监测，对水质、土壤、农副产品等环境监测介质开展监测与实验室分析，实现数据在线填报更新、实时查询和趋势分析，确保核电厂排入环境的流出物（放射性和非放射性）、固体废物的产生量、辐射环境状况的实时监控。根据近年来环境辐射监测结果，公司各运行核电厂周边地区环境质量与本底调查阶段比较无明显变化，未对周围环境产生不良影响，如表 4-1 所示。

---

① 出自《中国核能电力股份有限公司 2020 年年度报告》。

第四章 勇于担当：焕发新时代核电企业的责任魅力

表 4-1 2020 年中国核电运行核电厂主要环境监测数据[①]

核电厂/地区	监测项目		监测结果	
			最大值	平均值
秦山地区	厂区环境剂量率连续监测（μGy/h）	γ 辐射	0.158	0.100 ± 0.007
	厂区空气气溶胶放射性（mBq/m³）	总 α	0.188	0.08 ± 0.04
		总 β	3.72	1.4 ± 0.7
田湾核电厂	厂区环境剂量率连续监测（μGy/h）	γ 辐射	0.180	0.105
	厂区空气气溶胶放射性（mBq/m³）	总 α	0.485	0.071
		总 β	3.033	1.137
福清核电厂	厂区环境剂量率连续监测（μGy/h）	γ 辐射	0.2450	0.0795 ± 0.0019
	厂区空气气溶胶放射性（mBq/m³）	总 α	0.073 ± 0.016	0.030 ± 0.002
		总 β	1.540 ± 0.060	0.571 ± 0.037
昌江核电厂	厂区环境剂量率连续监测（μGy/h）	γ 辐射	0.264	0.155 ± 0.004
	厂区空气气溶胶放射性（mBq/m³）	总 α	2.608	0.236 ± 0.01
		总 β	5.899	1.189 ± 0.02
三门核电厂	厂区环境剂量率连续监测（μGy/h）	γ 辐射	0.101	0.099 ± 0.001
	厂区空气气溶胶放射性（mBq/m³）	总 α	0.11	0.07 ± 0.02
		总 β	2.44	1.38 ± 0.55

三、助力产业共赢共荣

1985 年，中国核电开始建设中国首座自主设计建造和管理运营的

[①] 出自《中国核能电力股份有限公司 2020 年社会责任报告》。

核电站,即被誉为"国之光荣"的秦山核电站。经过30多年的发展,它已成为我国装机容量最大、堆型品种最丰富、装机数量最多的核电基地。以秦山核电作为起点,经过30多年的发展壮大,一代代核电人接力,中国核电陆续建设了田湾、福清、三门、海南等多个核电基地。

2015年,中国核电成了国内A股首家纯核电上市公司。截至2021年3月31日,参控股公司为38家,合营公司为1家,公司总资产超过3897亿元,归属于上市公司股东净资产超过719亿元。公司核电控股在运机组装机容量为2139.1万千瓦,新能源控股在运装机容量为571.694万千瓦[1]。

中国核电持续加大科技创新投入,积极搭建创新平台,推动创新人才培育,提升创新能力,集中力量攻克重大核心技术,为核电发展提供持续动力。"十三五"期间,公司主导编制2项国际标准、2项国家标准、5项行业标准、新获知识产权授权1456项;策划编报能源行业标准12项,承担国家部委专项25项[2]。紧密围绕提升核电安全稳定运行水平、促进新技术在核电领域的应用,开展集中研发项目,形成以技术领军人才、设备可靠性专家、青年英才为主的科研队伍。集中优势资源、重点攻关,在核电智能机器人、核电厂许可证延续、核电运行维护等领域掌握一批核心技术,实现自主创新能力和核心竞争力的不断提升。建立技术服务产业联盟,打造命运共同体,推动核电行业的服务技术管理水平有效提升。

除了负责国内核电站的运营,以秦山核电为代表的中国核电技术力量形成了八大产品,巴基斯坦4台30万千瓦机组的调试都是由秦山核电完成的,核电机组运行的评估、检修也是由秦山核电完成,创造了堪

---

[1] 出自《中国核电2021年一季度发电量完成情况公告》。
[2] 出自《中国核能电力股份有限公司2020年年度报告》。

称"南南合作"的典范。

四、建设和谐美好家园

中国核电自觉履行社会责任,营造和谐、幸福的人文环境,为公益事业的发展提供了有力支撑,携手公众共同助力可持续发展。

以秦山核电为例,秦山核电对当地形成了经济上带动、社会上推动和人文上互动的良好局面。在经济带动上,建设中的海盐中国核电城总产值超过 270 亿元,到 2020 年,核电及其关联 1000 亿元。截至 2018 年年底,秦山核电已累计投资 814 亿元,缴纳税费约 375.14 亿元,秦山核电及 84 家关联产业吸引固定从业人员达 19000 人,加上从业人员家属,核电人口达 3 万~4 万人,按照 2017 年海盐县城镇居民人均消费支出 3.4432 万元/年计算,保守估计核电人口为海盐县每年贡献至少 16 亿元。在海盐县每个公务员的工资收入中,每 10 元中就有 3 元来自核电的贡献。在核电产业的示范带动作用下,核电小镇入驻企业 139 家,其中,规模以上工业企业有 16 家,规模以上服务业企业有 4 家,高新技术企业有 8 家,科技型中小企业有 15 家,核电关联产业年产值超过 200 亿元,海盐"核电小镇"成为浙江省首批 37 个省级特色小镇之一[1]。

在社会推动上,秦山核电大幅度提升了海盐县的教育、城建和医疗卫生水平。秦山核电每年向海盐县缴纳的教育附加费高达 1.14 亿元,为海盐县美丽校园的建设注入强大动力[2]。加快推动海盐县道路交通、城市建设、生态环境等基础设施建设,秦山核电用优秀的业绩呵护绿水青山,使海盐县这个千年古县从 20 世纪 80 年代的"小家碧玉"成为富

---

[1] 出自《浙江海盐打造千亿元产值"核电城"》。
[2] 出自《中国核电:从"国之光荣"到"国家名片"》。

有国际范儿的"美丽佳人"。秦山核电积极参与县域卫生应急体系建设，建立县核事故紧急医学救援中心，组建公共卫生事件处理小组，促进了海盐县卫生应急能力和水平快速提升。

第四节 负责任的大国核电品牌形象

在新的历史条件下，以习近平同志为核心的党中央站在国家发展全局的高度，主动应对形势的深刻变化，统筹国内国际两个大局，做出了"一带一路"重大决策部署。受益于"一带一路"的有效推进，我国核电"走出去"正迎来难得的历史机遇和良好发展时机。

核电作为一张"国家名片"，是代表国家核心竞争力的"国之重器"。中国核电在探索公众沟通型社会责任管理之道中，用创新的沟通方式和负责的项目实践实现一次又一次的突破，成为核电"走出去"的行业标杆。

一、价值评估，让核电品牌可感可知

社会责任管理的融入会带来品牌的全新解读。企业将"对利益相关方负责"的理念融入企业运营管理过程中，将会直接影响"以消费者和客户为导向"的传统品牌理念，进而推动企业品牌建设进入"对利益相关方负责的可持续发展导向"的阶段。企业品牌价值的衡量也从单纯的经济效益扩展到经济效益、环境效益和社会效益，不仅要衡量企业为投资者带来的财务回报或经济利润，衡量企业品牌资产对延续未来品牌收益的持续能力，也要考查品牌的影响力，反映利益相关方对企业满足其期望与诉求的评价和感知。

二、树立可持续品牌形象,赢得公众口碑

中国核电践行公众沟通驱动型社会责任管理,开展社会责任管理实践,有效促进了利益相关方和社会公众对中国核电发展的利益认同、情感认同和价值认同,使其履行社会责任的行动和绩效得到越来越广泛的认可,成功树立了责任表率的企业形象,赢得了良好的公众口碑,为打造全球一流的核电品牌奠定了坚实的基础。

中国核电创新开展以可持续发展思想为导向的企业品牌价值评估和研究工作,构建可持续品牌价值评估模型,以企业品牌形象中可持续发展的因素对企业的品牌价值进行全面评估,考察企业品牌的实质表现,综合分析企业品牌建设的优势与不足,发掘企业品牌潜力,携手利益相关方为核电健康、持续发展共创良好的发展环境。

公司参考国家标准《品牌评价 多周期超额收益法》(GB/T 29188—2012)规定的品牌价值评估过程,识别、界定"中国核电"品牌,采集企业财务数据及评估涉及的其他信息,基于采集数据测算品牌强度、品牌现金流等模型参数,最后将相关参数带入评估模型并得出品牌价值。综合来看,品牌价值由经济收益、品牌作用力、品牌强度三个维度决定。最近三年,中国核电的财务状况表现良好,企业营业收入稳步增长,品牌经济收益逐年上升。在品牌作用力方面,通过应用层次分析法,测算中国核电品牌对企业无形资产超额收益的贡献率为19.87%,即贝塔系数为19.87%,品牌贡献度较高[①]。

2020年,"中国核电"品牌强度得分为805分,在千分制为满分的情况下,处于优良水平。与2018年、2019年的品牌强度指标得分比较分析,中国核电可持续品牌强度表现优异,品牌建设工作取得显著成

---

① 出自《中国核能电力股份有限公司2020年品牌价值评估研究报告》。

果。2020年，中国核电品牌强度的品牌管理、实践绩效、形象表现三个方面的一级指标得分率分别为94.76%、85.95%和68.57%。与2019年的90%相比，品牌管理的指标得分率实现较大幅度的增长；实践绩效的指标得分率实现较小幅度的增长；形象表现的指标得分率较2018年实现较小幅度的增长，但较2019年的77.14%而言出现小幅度下滑。总体来说，中国核电在2020年持续丰富品牌理念，不断完善品牌组织、品牌运营、品牌保护等品牌管理体系，积极践行品牌实践，在经济、社会和环境方面表现优异，但还要加强与利益相关方的沟通交流和品牌传播，让品牌被更多的相关方了解和认可，塑造正面向上、具有可持续发展理念、特色立体的品牌形象①。

三、提升品牌价值，奠定品质基础

具有较高知名度和美誉度的企业会让公众对其产生好感，增加信任程度。在核电产业中，塑造负责任的品牌形象、提升自身品牌价值对企业发展起到至关重要的作用。

企业品牌凝聚了企业理念和企业行为，同时也体现了企业文化的内涵。企业文化是发展的内核，它最终将转化为企业的生产力。把企业抽象的文化理念注入有形的品牌形象中，有利于提高企业的品牌价值和无形资产价值，推动企业健康、可持续发展。

中国核电意识到打造富有文化内涵的高价值企业品牌对核电企业来说至关重要。因此，自1985年起，逐步积淀中国核电深厚的文化底蕴，总结提炼了具有核工业特色和核安全文化特色的卓越文化体系。中国核电在卓越核安全文化体系建立的基础上，发挥中国核电在核安全文化建设领域的领先者优势，以卓越文化塑造卓越品牌，率先打造具有自身特

---

① 出自《中国核能电力股份有限公司2020年品牌价值评估研究报告》。

色的卓越核安全文化品牌，向公众展示对核电安全时刻负责的企业形象。

近年来，中国核电公司的品牌知名度、认知度和美誉度不断提升，品牌价值持续攀升。2020 年，中国核电品牌价值位列《财富》中国 500 强企业第 225 位①。2020 年 11 月，秦山核电在全国精神文明建设表彰大会上被授予第六届"全国文明单位"称号，并受到习近平总书记的亲切接见。秦山核电党委书记、董事长黄潜作为全国文明单位代表在大会上发言，"一是建设核电自主发展示范高地，推进绿色能源高质量发展；二是建设思想道德教育传承高地，展现新时代核工业精神；三是建设履行社会责任文明高地，打造'五位一体'实践基地。"秦山核电建设文明单位的创新做法在《人民日报》上全文刊发②。

四、成为"走出去"的开拓者

核电成为继高铁之后我国产业"走出去"的又一台重头戏。作为投资巨大、安全性要求极高的高科技产业，核电"走出去"对打造中国品牌、提升国家形象等具有极为重要的意义。

中国核电作为核电行业中"走出去"的代表者和领先者，依托行业运营优势，搭建海外发展平台，以负责任的品牌形象和文化内涵，向世界展示中国核电的真正实力。

核电安全是中国核电"走出去"的勇气，更是中国核电履行社会责任的核心。在我国核电"走出去"的过程中，有着浓墨重彩一笔的"华龙一号"以卓越的技术，在"出海"方面形成良好的示范效应。2015 年 12 月，习近平主席曾向南非总统介绍说："这是自己的技术，

---

① 出自《2020 年中国 500 强排行榜》。
② 出自《秦山核电被授予第六届"全国文明单位"称号》。

我们要把它推向非洲和全世界。"2017年6月8日，在哈萨克斯坦阿斯塔纳世博会开幕前夕，习近平主席也向哈萨克斯坦总统介绍了这个中国完全自主知识产权的三代核电技术。[①]

第五节　责任绘就核电新时代蓝图

党的十九届五中全会审议通过《中共中央关于制定国民经济和社会发展第十四个五年规划和二〇三五年远景目标的建议》（以下简称《建议》），吹响了开启全面建设社会主义现代化国家新征程、向第二个百年奋斗目标进军的冲锋号角。《建议》明确"十四五"时期经济社会发展的指导思想，要坚定不移地贯彻创新、协调、绿色、开放、共享的新发展理念，以推动高质量发展为主题，以深化供给侧结构性改革为主线，以改革创新为根本动力，以满足人民日益增长的美好生活需要为根本目的，统筹发展和安全，加快建设现代化经济体系，加快构建以国内大循环为主体、国内国际双循环相互促进的新发展格局。中国核电立足于五大发展理念，以习近平新时代中国特色社会主义思想为指导，立足当前，谋划长远，凝心聚力，充分把握新时代的特质，充分体现新作为的特征，描绘勾画建成核电强国的新时代发展蓝图。

为实现我国核电行业在国际上领跑的关键路径，展现出中国核电的勇于担当和不懈追求，树立"大国重器"的企业形象。中国核电以责任发展推动核电发展，以责任追求推动核电成就，努力实现核电行业的高质量、可持续发展。

[①] 出自《华龙一号：中国核电"三十而立"锻造国家名片》。

第四章　勇于担当：焕发新时代核电企业的责任魅力

一、新时代开启创新新征程

创新是引领发展的第一动力，是发展全局的核心。目前，世界正在迎来核电发展的无限可能时代，核电技术的安全性和经济性不断提升，世界各国的创新步伐也在加快。

截至2019年年底，我国已实现压水堆核电技术由"二代"向"三代"的跨越，形成了具有自主知识产权的"华龙一号""国和一号"三代核电技术；积极开展多用途小型模块化反应堆技术开发，加快推动核能在清洁供暖、工业供汽、海水淡化、核能余电制氢、制冷、海洋综合能源供给平台、绿色冶金、同位素生产等多领域的研究及应用，形成了NHR200-Ⅱ、ACP100（玲龙一号）、"燕龙"（DHR-400）、ACPR100、ACPR50S、CAP200等各种小型堆技术；高温气冷堆和快堆等相关研发和示范工程建设取得积极进展，铅铋快堆、钍基熔盐堆等先进核能系统技术研发工作也在积极推进中[1]。

在科技快速发展的今天，只有紧跟快速科技变革、掌握核心技术、提升自主竞争力的企业才能成为行业引领者。提升自主创新能力，促进我国核电行业高质量发展，是助力我国迈向核电强国的重要支撑，是创建中国核电品牌的必由之路。

中国核电将不断释放发展潜力，在保障电力供应的基础上，积极创新，先后解决一批关键难题和产业空白，形成以生产准备、调试运行、换料大修、专项维修、专业培训、技术支持、重水堆支持、信息系统建设与运维为代表的核电技术服务八大产品，创造核电发展新方向和新动力，推动核电产业升级。以"小核心、大协作"为指导思想，积极探索科研新体制和新机制，搭建中国核电运行研究平台，成立运行技术中

---

[1] 出自《中国核能发展报告（2020）》，社会科学文献出版社。

心、核电技术联合研发中心，推进核电运行研究院的建设。

二、新时代构建协同新格局

核电作为世界能源的三大支柱之一，是全球经济发展的重要组成部分。在全球能源紧缺的背景下，世界各国都在大力发展核电能源，和世界核电发电量平均值相比，2019年我国核电的发电量占比仅为4.88%，具有广阔的发展空间。近年来，我国可再生能源的发展取得了举世瞩目的成就。《电力发展"十三五"规划》中明确指出，"2020、2030年非化石能源消费比重要分别达到15%和20%左右"的发展目标。在新的发展格局下，核电的快速发展也深受瞩目。

核电发展对协调性的要求高于其他行业，因此，科学、权威的规划指导是核电快速发展的必要条件。中国核电将不断扩大产业规模，从秦山到田湾、三门、福清，再到海南，不断推动规模化运作，科学规划核电厂建设，优化核电建设计划，不断创造核电调试工期纪录，为核电的发展注入新动力。在总结多年核电建设经验的基础上，创新核电调试管理理念，创立"调试—生产一体化"管理模式，贯穿"建安—调试—生产"管理流程，提高核电建设安全与质量水平，屡创核电建设优质工程，为建设一流核电贡献力量。

三、新时代引领绿色新发展

核电是最清洁、最安全的能源之一，在保证能源供应安全、调整能源结构、应对气候变化等方面发挥着不可替代的战略作用，也是我国能源生产革命实现突破的关键。核电产业作为高科技战略产业和绿色发展产业，是我国核心竞争力的重要体现和标志，核电的快速发展已经成为建设美丽中国、助推中华民族伟大复兴中国梦的重要一环。

2020年，习近平主席向国际社会承诺的"碳达峰""碳中和"目标，对我国加快构建清洁低碳能源系统提出了革命性要求，为核能行业发展带来了新的机遇。一是低碳电力需求的增长将为核能发展提供需求空间。总体来看，我国用电需求将在相当长的时间内保持增长的趋势。二是核能将为电网的安全、稳定运行提供有效保障。随着"碳中和"目标的提出，可再生能源的发展速度势必将进一步加快。在大规模可再生能源生产、上网、输送、储能等环节仍存在诸多技术瓶颈的情况下，能源转型的紧迫需求为核能发展提供了机遇。三是核能是统筹推进生态保护和经济发展的可靠手段。大力发展核能，特别是加快推进核电的建设，将对构建"国土空间开发保护新格局"，推进"四个革命、一个合作"的能源战略，保障区域经济"持续健康发展"具有重要意义。四是全球绿色低碳发展的潮流为核能"走出去"提供契机。我国核电技术处于世界先进水平，在相当多的国家和地区具备竞争优势。随着人类命运共同体的号召，以及国家"一带一路"倡议的稳步推进，当下是大力推动我国核电"走出去"、构建对外核能合作新格局的战略机遇期。

中国核电将继续严格遵守国家及地方性环保的法律法规要求，对核电站实施全方位环境管理，积极推动核电清洁能源及非核清洁能源发展，严格遵守《中华人民共和国放射性污染防治法》《放射性废物安全管理条例》等制度，加强排放的监测和监督。中国核电深知肩负着为社会提供清洁能源的天然使命，继续源源不断地为实现生态文明建设新目标、建设美丽中国贡献力量。

四、新时代打造开放新局面

当今的时代是开放的时代，开放发展是我国核能发展必须长期坚持的政策。通过开放发展，进一步拓宽我国核能领域的对外开放，有利于优化我国资源、技术、装备、服务等的进出口贸易结构，推动国内高端制造装备产能释放，优化我国核电产业发展装备和原材料供应体系；有利于促进我国对国外先进核电技术的引进、消化、吸收和再创新，促进我国核电技术取得打防结合；有利于保障我国核电队伍的稳定发展和能力提升。通过开放发展，进一步加强国际合作和交流，与国际同行一起共同推进全球核能产业安全发展，是构建人类"核安全"命运共同体的必然要求。

在核安全、核技术等多个方面，中国不断加强与国际同行的交流，以开放理念推动核电行业发展，加强与先进国家的行业和学术交流，相互借鉴，共享经验，有助于核电技术的快速提升。让核电产业"走出去"是我国核电行业多年的愿望，也是核电发展的必然要求。

2021年5月，中国、俄罗斯两国元首共同见证两国核能合作项目——田湾核电站和徐大堡核电站开工仪式，充分体现了两国元首对中俄能源合作的高度重视。习近平主席在开工仪式上强调，能源合作一直是两国务实合作中分量最重、成果最多、范围最广的领域，核能是其战略性优先合作方向，一系列重大项目相继建成投产。习近平主席希望坚持安全第一，树立全球核能合作典范；坚持创新驱动，深化核能科技合作内涵；坚持战略协作，推动全球能源治理体系协调发展。

习近平主席的讲话指明了新时代巩固提升中俄能源合作的战略方向，为推动双边能源合作提质升级，有利于加强全球能源治理合作，推动能源可持续发展事业。中国核电将深入学习贯彻习近平主席在中俄核能合作项目开工仪式上的重要讲话精神，秉承开放理念，不断开拓国际市场，搭建国际化平台体系，深化核领域国际交流合作，主动引导核领域国际规则和标准制定，提高中国核电的国际影响力，打造"一带一路"倡议上一个又一个的"国家名片"。

五、新时代孕育共享新机遇

坚持共享发展，必须坚持发展为了人民、发展依靠人民、发展成果由人民共享，做出更有效的制度安排，使全体人民在共建共享发展中有更多获得感，增强发展动力，增进人民团结，朝着共同富裕的方向稳步前进。

核电企业需要创新核电发展思路，加强信息公开和公众沟通，营造良好的社会环境和群众基础，充分考虑核电站周边社会经济发展需求，重点研究建立与核设施周边群众的互惠机制，有效支持当地经济发展和群众就业，探索建立核电生态安全标准和经营性厂址保护模式，实现核电及相关核设施的建设与周边的社会经济发展相互促进、共处共融，带动地方经济的发展和社会的进步。

中国核电将以公众沟通驱动行业发展，以责任之心助力行业繁荣，不断关注伙伴的成长和发展，重视公众的认知度和获得感，为推动核电行业的健康发展贡献活力。中国核电坚持以习近平新时代中国特色社会主义思想为指导，全面贯彻党的十九大及十九届二中、三中、四中、五中全会精神，坚持稳中求进工作总基调，立足新发展阶段，贯彻新发展理念，构建新发展格局，全面落实习近平总书记"四个革命、一个合作"能源安全新战略和对核工业重要指示批示精神，以保障核安全为首责，以发展为第一要务，以人才为第一资源，以创新为第一动力，把握新形势、抢抓新机遇，为实现"两个十五年"奋斗目标开好局、起好步。

为此，中国核电确定了"十四五"规划目标，即要在"十四五"期间，确保核安全万无一失；到2025年，运行电力装机容量达到5600万千瓦；核能技术的多用途利用打开新局面，核电技术服务产值实现"翻一番"，非核清洁能源成为百亿级产业，清洁技术产业取得突破；

核电运行业绩全球领先①。规划目标的制订也为中国核电的可持续发展坚定了方向。

　　不忘初心，砥砺前行。新时代的蓝图已经绘就，新时代的发展路径已经明确，中国核电以时不我待、只争朝夕的精神，努力实现核电行业的高质量、可持续发展，在建设核电强国的道路上不断创造新的奇迹。

---

① 出自《中国核能电力股份有限公司2020年年度报告》。

附　录
中国核电社会责任大事记

2020 年

2020 年 12 月 24 日，中国核电荣获上海证券报颁发的"'金质量'公司治理奖"。

2020 年 12 月 12 日，在人民日报社指导、人民网主办的"2020 人民企业社会责任高峰论坛暨第十五届人民企业社会责任奖颁奖典礼"上，中国核电荣获"2020 人民企业绿色发展奖"。

2020 年 12 月 3 日，在第十三届中国企业社会责任报告国际研讨会上，中国核电荣获"金蜜蜂 2020 优秀企业社会责任报告·长青奖"称号。

2020 年 11 月 27 日，"华龙一号"全球首堆——福清 5 号机组首次并网成功，创造了全球第三代核电首堆建设的最佳业绩。

2020 年 11 月，秦山核电在全国精神文明建设表彰大会上被授予第六届"全国文明单位"称号，并受到习近平总书记的亲切接见。秦山核电党委书记、董事长黄潜作为全国文明单位代表在大会上发言。

2020 年 9 月 18 日，在第八届中国慈展会上，中国核电公开发布《中国核能电力股份有限公司精准扶贫专题报告（2019—2020）》。

2020 年 5 月 10 日，中国核电发布《2019 年企业社会责任报告》《2019 年环境、社会及公司治理（ESG）报告》，这是中国核电面向社会公开发布的第 8 份年度社会责任报告、第二份 ESG 报告。

2019 年

2019 年 12 月 18 日，中国核电首次荣获"国际组织技术转化成果奖"，入选国家品牌 100 强。

2019年12月6日，在第十二届中国企业社会责任报告国际研讨会上，中国核电荣获"金蜜蜂2019优秀企业社会责任报告·长青奖"称号。

2019年12月5日，中国核电荣获"第九届中国证券'金紫荆'最佳上市公司奖"。

2019年10月24日，中国核电荣获世界核电运营者协会（WANO）颁发的"WANO核能卓越奖"。

2019年10月16日，"华龙一号"批量化建设启动——漳州核电1号机组浇筑核岛第一罐混凝土（FCD）。

2019年4月26日，中国核电召开2018年度环境、社会及公司治理成果发布会，公开发布《2018年企业社会责任报告》及《2018年环境、社会及公司治理（ESG）报告》。

2019年1月12日，在第十四届中国上市公司董事会"金圆桌"论坛暨"金圆桌奖"颁奖典礼上，中国核电被授予"最佳董事会"奖。

2018年

2018年12月6日，中国核电荣获"第八届中国证券'金紫荆'最佳上市公司奖"。

2018年6月30日，AP1000全球首堆——三门核电站1号机组并网成功。该核电项目是国务院批准实施的首个国家核电建设自主化依托项目。

2018年6月6日，在"2017年金蜜蜂企业社会责任·中国榜"发布会上，中国核电荣获"金蜜蜂企业"称号。

2018年4月8日，中国核电荣获"2017年度最受投资者尊重的上市公司奖"。

2018年3月28日，在第十五届中国国际核工业展览会上，中国核电发布《中国核电 2017 年度社会责任报告》。

2018 年 1 月 25 日，在"中国社会责任百人论坛"上，中国核电荣获"社会责任报告领袖奖"称号。

2018 年 1 月 20 日，在第十三届中国上市公司董事会"金圆桌"论坛暨"金圆桌奖"颁奖典礼上，中国核电公司董事会荣获"绿色治理奖"，公司总经理张涛荣获"最具领导力 CEO"，公司董事会秘书罗小未荣获"最具创新力董秘"奖项。

2017 年

2017 年 12 月 1 日，在第十届中国企业社会责任报告国际研讨会上，中国核电荣获"金蜜蜂 2017 优秀企业社会责任报告·领袖企业奖"。

2017 年 11 月 30 日，中国核电荣获"第七届中国证券'金紫荆'最佳上市公司奖"，中国核电董事长、党委书记陈桦荣获"最具影响力上市公司领袖奖"。

2017 年 7 月 22 日，在全国企业文化年会上，经中电联推荐，中国核电申报的《中国核电卓越文化的实践与创新》名列其中，荣获"2016 年到 2017 年度全国企业文化优秀成果奖"。

2017 年 4 月 27 日，中国核电主导编制的《公众沟通通用指南》正式发布，这是我国核电业界首部为公众沟通"量身定做"的工作指南。其首次提出云服务概念，即中国核电所搭建的"公众沟通云平台"。

2017 年 4 月 27 日，在第十二届中国国际核电工业展览会上，中国核电发布《中国核电 2016 年度社会责任报告》。

2017 年 4 月 8 日，中国核电荣获由中国上市公司协会联合中国证券投资者保护基金公司、上海证券交易所、深圳证券交易所、中国证券业协会、中国证券投资基金业协会、中证中小投资者服务中心有限公司等共同举办的"2017 年度最受投资者尊重的上市公司"大奖。

2017年3月25日，中国核电创造的"以提高核电接受度为目标"的公众沟通管理荣获"国家级企业管理创新成果二等奖"。

2017年1月9日，中国核电"十三五"企业文化、社会责任、品牌传播三位一体专项规划获一致通过，标志着公司新一轮企业文化、社会责任、品牌传播建设工作进入全面施工阶段。

2016年

2016年12月27日，在人民网主办的第十一届人民企业社会责任奖颁奖上，中国核电党委书记吴秀江获"第十一届人民企业社会责任奖年度人物奖"。

2016年12月17日，在第十二届中国上市公司董事会"金圆桌"论坛上，中国核电获颁"金圆桌奖——董事会治理特别贡献奖"。

2016年12月1日，在上海召开的第九届中国企业社会责任报告国际研讨会上，中国核电荣获"金蜜蜂2016优秀企业社会责任报告·领袖企业奖"。同时，创新发布《中国核电公众沟通白皮书》，这是行业首个公众沟通白皮书，旨在号召更广泛的社会力量和资源支持我国核电产业的发展。同期，中国核电发出首份核电产业公众沟通倡议——"上海倡议"，号召更广泛的社会力量和资源支持我国核电产业的发展。

2016年11月23日，中国核电荣获"沪港通最佳上市公司""互联网+时代"企业文化标杆单位等荣誉称号。

2016年4月7日，在第十四届中国国际核工业展览会上，中国核电发布《2015年度社会责任微报告》。

2016年1月21日，在人民网主办的第十届人民企业社会责任奖颁奖盛典上，中国核电"魅力之光"杯全国中学生核电科普知识竞赛获"第十届人民企业社会责任奖年度案例奖"。

2016年1月15日，中国核电参加2016美丽中国环境论坛，与多家企业共同探讨"十三五"绿色发展新常态,在"美丽中国环保典范案例评选"活动中获"2015 美丽中国环境社会责任典范奖"。

2015 年

2008—2015 年,中国核电研制成功我国第一套具有自主知识产权和完全国产化的自动化检查系统 70 余套,包括反应堆压力容器检查系统和蒸汽发生器传热管涡流检查系统,以及反应堆压力容器顶盖贯穿件检查系统等。

2015 年 12 月 27 日,中国核电参加由《环境保护》杂志社举办的"环境保护'绿坐标'颁奖暨环保创新案例发布会",获"环境保护'绿坐标'奖"。

2015 年 12 月 3 日,在《WTO 经济导刊》与中国可持续发展工商理事会主办、瑞典驻华大使馆和德国国际合作机构(GIZ)联合主办的第八届中国企业社会责任报告国际研讨会上,中国核电荣获"金蜜蜂2015 优秀企业社会责任报告奖"。

2015 年 10 月 15 日,中国核电参加 2015 中国企业绿色发展论坛,获"中国企业环保清馨奖""年度绿色资本创新企业"。

2015 年 8 月 20 日,"华龙一号"海外首堆在巴基斯坦卡拉奇开工建设。"华龙一号"采用国际最高安全标准研发设计的三代核电机型,具有完整的自主知识产权。

2015 年 6 月 10 日,中国核电正式在上海证券交易所挂牌上市,成为沪深两市第一支纯正核电股,成立企业文化融合专项工作组梳理提炼"卓越"文化体系。

2015 年 5 月 7 日、12 月 22 日,中国三代自主核电品牌"华龙一号"全球首堆示范工程——福清核电 5、6 号机组先后开工建设。

2015 年 4 月 22 日,在第十一届中国国际核电工业展览会上,中国核电发布《中国核电 2014 年度社会责任报告》。

2014 年

2014 年 12 月 11 日，中国核电在海南召开企业文化融合工作静思会，深入交流企业文化融合课题研究成果，探讨企业文化融合工作。

2014 年 9 月，中国核电上市前夕，时任党委书记吴秀江提出"最速曲线"路径，推进企业文化融合工作。

2014 年 4 月 17 日，在第十三届中国国际核工业展览会上，发布《中国核电 2013 年度社会责任报告》。

2012 年

2012 年 8 月 17 日，中核集团在浙江省海盐县秦山核电基地举办核电公众开放日，同时，中国核电发布首份社会责任报告。

中国核电成立专门工作组，梳理公司企业文化理念，出版《中国核电企业文化手册》《中国核电视觉形象识别手册》等首批企业文化产品。

2011 年

2011 年 12 月 31 日，完成股份制改革，公司更名为中国核能电力股份有限公司。

2011 年 12 月 30 日，秦山二期核电工程四台机组全部投入商业运行，实现核电国产化重大跨越。

2011 年 11 月 28 日，中核国电漳州能源有限公司成立，开创了"以核助辅，以辅促核"的项目开发模式。

2010 年

中国核电实体化运作伊始,时任总经理陈桦提出"追求卓越,挑战自我"的企业价值观为公司核心文化理念。

2009 年

2009 年 4 月 19 日,三门核电项目一期工程开工,成为浙江省有史以来投资最大的单项工程,也是中美两国最大的能源合作项目。

2008 年

2008 年 4 月,中国核电工程公司与福清核电公司、秦山核电公司签订福清、方家山两个核电工程总承包合同,成为中核集团首次采用总承包形式进行核电工程建设的里程碑事件。

2008 年 1 月 21 日,中国核能电力股份有限公司的前身中核核电有限公司成立。